Marta Abadía

Basura verbal y violencia de género

Basura verbal y violencia de género

BASURA VERBAL Y VIOLENCIA DE GÉNERO
©Marta Abadía
martabbadia@gmail.com
Marta Abadía es marca registrada.
ISBN-13: 978-1484846537

ISBN-10: 1484846532

Autoedición en *amazon.com* a través de *https://www.createspace.com/*

SafeCreative

Identificador:	1304275014373
Fecha de registro:	27-abr-2013 12:09 UTC
Licencia:	*Todos los derechos reservados*
Autor:	*Marta Abadía*

INFO ABOUT RIGHTS

Basura verbal y violencia de género

Un muestreo de interacciones comunicativas en parejas heterosexuales, un análisis cualitativo y propuestas de investigación y acción.

Resumen

Este trabajo analiza la violencia verbal en una muestra de parejas heterosexuales compuesta por: dos series de correos electrónicos, una transcripción de una conversación telefónica, un diario y una anécdota en un bar. Utilizando un enfoque feminista que parte de estudios previos (Hirigoyen, Herman, Evans, Bonino, Martín Rojo, Badano y López, y otros), se da por sentada la desigualdad cultural como causa de la violencia. Siguiendo un esquema complejo de análisis cualitativo, se ponen de manifiesto los hilos de la dominación que despliegan los varones de la muestra contra su pareja, de forma violenta y gratuita, con el objetivo —consciente o no— de controlar y someter a la mujer. Si ella se enfrenta, el análisis muestra cómo la violencia verbal es cada vez mayor. Se dan dos tipos de violencia verbal: agresiva y defensiva. De acuerdo con lo observado también en otros estudios, el varón utiliza la agresiva, la mujer la defensiva. Todas las estrategias que la mujer utiliza parecen volverse en su contra. Se añade también una clasificación de categorías por orden de aparición en la muestra, para analizar la distribución de estrategias en los comunicantes. Este análisis evidencia que las estrategias comunicativas utilizadas por la mujer y por el hombre son completamente diferentes. En conclusión, en última instancia, la violencia del varón causa a la mujer dolor o sometimiento o ambas cosas, daña las relaciones interpersonales y retroalimenta la desigualdad y la co-dependencia. Se ofrece una reflexión sobre la consciencia o inconsciencia del uso de basura verbal y una serie de propuestas para futuros estudios así como algunas sugerencias de acción para las mujeres, que podrían ayudar a romper el círculo de co-dependencia machista.

Introducción

> *"No digas nada si lo que vas a decir no es más bello que el silencio"*
> (Web 1)

Con este lema se inicia un foro de Yahoo que invita a la gente a decir cosas amables para que permanezcan en el éter virtual de la Red, ese lugar donde se mezclan lo bello, la información, la reflexión y el saber, que adornan nuestro mundo, junto con basura, pornografía y violencia, que lo ensucian. El lema puede ser anónimo, una invitación de cualquier persona a cualquier otra a contribuir al bienestar. Pero puede tomarse también como una filosofía de vida. Si nos esforzáramos en decir sólo cosas "más bellas que el silencio", el mundo rodaría más limpio de basura verbal, más libre de dolor innecesario, más liberado de agobio, menos exigente. Siendo más limpio, más pacífico y más sano, sería también un mundo más acogedor para hombres y mujeres.

En su libro "The Verbally Abusive Relationship", Patricia Evans explica el abuso verbal como una forma de comunicarse constituida por *todos los elementos lingüísticos y no lingüísticos que se usan para controlar a otra persona con el fin de conseguir que haga lo que queremos.* Según ella, todos utilizamos el abuso verbal en algún momento de nuestras vidas, ya que estamos educados en la sociedad patriarcal que, por ser jerárquica, sostiene la creencia de que los que están *debajo* (es decir, dependen de algún modo, sea físico, moral, afectivo, económico, educativo, etc.) deben obedecer a los que están *encima*; pongamos por ejemplo, el hijo obedece a los padres, el alumno a sus maestros, el enfermo a sus médicos, el empleado a sus jefes. Como no existe otro modelo social, todas las relaciones tienden a establecerse *naturalmente* como relaciones de poder. Incluso en campos donde las relaciones, supuestamente, son igualitarias (amistad, pareja), se da el abuso verbal porque reflejan las jerarquías sociales del patriarcado. Por tanto, según los criterios de Patricia Evans, el abuso verbal es una característica de las relaciones humanas que pone en evidencia la escala del poder. La persona que ejerce abuso verbal, logre sus objetivos de dominación o no, se considera a sí misma en el derecho de controlar al otro y para lograrlo pone en juego tácticas muy variadas que son sancionadas socialmente como válidas. Estas tácticas son a veces *abiertas* y otras veces *encubiertas*. Tácticas abiertas, son las que se detectan en una simple observación, como amenazas, insultos, gritos, golpes, etc.; estas tácticas, por ser obvias, son sancionadas como inadecuadas (en occidente). Tácticas encubiertas son toda una gama de actos lingüísticos (y no lingüísticos) sutiles que pueden incluir comentarios, pequeños chistes, ironía, burla, gestos, miradas, tonos, etc., que, pueden pasar desapercibidos como formas de control tanto a las personas que los usan como a quienes los sufren, entre otras cosas, porque tienen validación social y en la sociedad patriarcal se considera natural forzar la voluntad del otro, (al menos hasta cierto punto) y especialmente si quien fuerza es el hombre y quien es forzada es la mujer. En todo caso, siempre que hay abuso (verbal o no), la persona dominada es colocada en inferioridad y la dominadora por la fuerza se coloca a sí misma en el puesto de control.

El abuso verbal es una forma de comunicación como mínimo tóxica, tal vez perversa. La naturaleza desigual de las relaciones de poder es injusta, inhumana y abusiva. No obstante su validación social, el abuso verbal constituye siempre una violación de la dignidad de la persona controlada, porque al forzar su voluntad, invadir su intimidad y convertirla en víctima del controlador, la denigra como persona. Las tácticas de abuso verbal destruyen también la dignidad de quienes las utilizan, socavan la raíz misma de las relaciones humanas entre iguales y causan graves daños a las personas, a las relaciones y a la sociedad. (Evans 1992, pgs. 17-38)

El abuso verbal es basura, el desecho de la lengua. En una fábula de origen popular, "Clavos en la puerta", un padre muestra a su hijo que las palabras, como los clavos, aunque los arranquemos, dejan agujeros en la madera que no se pueden tapar: *Tú puedes insultar a alguien y retirar lo dicho, pero el modo como lo digas lo devastará y la cicatriz perdurará para siempre. Una ofensa verbal es tan dañina como una ofensa física*" (Web 3). La expresión "basura verbal" circula por la sociedad. Se ha aplicado, por ejemplo, al habla ofensiva de los políticos que, en tiempos electorales, se dedican más a despellejar (verbalmente) al contrincante que a plantear las mejoras que cada uno está dispuesto a hacer para la sociedad (Web 2). Esa misma expresión en mi familia se utiliza para tratar de desterrar los insultos, las pullas, los desprecios, el taqueo y las obscenidades, especialmente en la mesa, a la hora de comer; es una advertencia casi mítica que cualquier miembro de la familia puede hacer para recordarnos unos a otros que no invadamos el espacio íntimo de los demás con calificativos denigrantes, epítetos, exclamaciones groseras o con ironías, sarcasmos y burlas.

"No queremos basura verbal" porque las palabras pueden ser armas letales o al menos armas que causan heridas cuyas cicatrices, indelebles, permanecen para siempre en el corazón del otro.

Como veremos, también el silencio puede herir. Cuando así ocurre, el silencio, a su vez, se convierte en basura, una forma más de abuso verbal. Lo mismo ocurre con ciertos gestos, miradas y lenguaje no verbal. La gama de tácticas de abuso verbal puede considerarse infinita, pues cada uno utiliza su batería personal aprendida. Patricia Evans reduce su lista de categorías a quince: *Ocultar información y/o responder con silencio, rebatir y minimizar, ignorar a la persona o lo que dice, disfrazar el abuso verbal con bromas, chistes y comentarios jocosos, impedir expresarse o desviar la conversación, acusar y culpar a la otra persona, juzgar y criticar a la otra persona, trivializar lo que dice, hace o es, minar la autoestima o degradar, amenazar (aunque sea veladamente), insultar, olvidarse (decir que se le ha olvidado), dar órdenes, negar (lo que hace o acaba de hacer), utilizar la ira de forma abusiva* (Evans, 1992, pg. 85). Aunque mi percepción es que la mayoría de estas categorías aparecen representadas en la muestra, he utilizado otras categorías para el análisis, que se despliegan por acciones y significados siguiendo su orden de aparición.

Para enmarcar mi investigación, parto de premisas que sólo se pueden mantener cuando nos ponemos las gafas de género y empezamos a ver –dicho esto muy suavemente– *las alineaciones de poder que dimanan de la concepción patriarcal de la vida*, porque esta alineación descubre la esencia del patriarcado, que ha puesto todos los privilegios del lado del varón, negando, de entrada, la igualdad entre hombres y mujeres. A la vez, no puedo prescindir de la huella de la sociolingüística, la psicolingüística y el aprendizaje social, que ponen el énfasis en la construcción social del lenguaje, tratando cualquier diferencia como posible portadora de significados definidos en un contexto interpersonal.

Circulan estereotipos sociales que consideran la conversación de la mujer como verborrea desorganizada, destinada a cosas intrascendentes; mucha gente cree que las mujeres hablan más y peor, que son emocionales, que manipulan a los demás a través del lenguaje y otra serie de afirmaciones que suenan a mitos.

El psicólogo americano John Gray (2008), en su best seller sobre el combate entre Venus y Marte, nos presenta muchas diferencias en la conversación entre hombres y mujeres explicándolas como estilos o características personales. Su libro abunda en diferencias, tratándolas como simples datos que reflejan un estilo particular de cada sexo. Desde su concepción de "estilos diferentes", Gray da consejos para una comunicación más eficaz. Así explicado, todo parece inocente porque está desvinculado del patriarcado, del maltrato o de cualquier ideología. Inversamente, la visión de género que propongo explica las diferencias encuadrándolas en la preponderante dominación masculina y tratando el paradigma patriarcal como una forma de poder prevalente que vuelve invisibles sus estrategias y sus consecuencias.

Contrasta con la creencia social sobre la verborrea de las mujeres el hecho probado de que, entre otras cosas, los hombres hablan más alto, más categóricamente, acaparan el protagonismo de la conversación sin permitir preguntas ni puntualizaciones y cortan la palabra a la mujer cuando ella quiere hablar. En cambio la mujer, tiende a callar cuando el hombre habla, actúa de forma más retraída y solidaria, pregunta más, escucha realizando interrupciones cooperativas y formula sus expresiones varias veces con una cierta inseguridad, etcétera (Suárez Villegas, 2008; Lakoff, 1987, Lakoff en Martín Rojo, 1995). Esta realidad probada no muestra, a mi parecer, datos inocentes a tener en cuenta como simples diferencias de estilo, abordaje o construcción de la comunicación o la conversación, sino que, de por sí, pueden considerarse estrategias que sitúan a la mujer en inferioridad frente al varón tanto en la conversación como en la vida.

Este trabajo, por tanto, se centra en estudiar las manifestaciones de un trato de inferioridad que considero ya demostrado (por ejemplo, Herman, 1997; Hirigoyen, 1999; Evans, 2001;Ocampo, 2001; Pérez del Campo, 1995; Bonino 2003, 2004, 2005; Sanfélix Vidarte, 2006; Martin Rojo, 1995, etc.). No cuestiono la desigualdad ni el ejercicio de poder por parte del varón sino, más bien, dando por demostrada esa desigualdad, busco muestras que avalen esa percepción feminista de la realidad y hagan visible algo que, socialmente, aún permanece oculto –si bien nuestras leyes y la consciencia que la ciudadanía va adquiriendo están ayudando a visibilizar y nombrar el fenómeno estructural de la desigualdad y el maltrato inherente–.

Puede decirse que, de alguna manera, el varón que vierte basura es un representante del "varón social", espectador de sí mismo que se aplaude por hacer lo que los observadores externos aprobarían si lo estuvieran viendo. Por eso, estamos hablando de situaciones que no se tienen comúnmente por violentas en la conciencia social, pero lo son.

No discutimos aquí si el control de la otra persona es en algún caso legítimo. Habrá quien defienda el control del otro como necesidad para la educación o el orden social, por ejemplo; cosa que puede plantearse, sin duda en otros trabajos. Aquí hablamos del control de la otra persona en la relación de pareja, que por su propia esencia, es una relación entre iguales. En este tipo de relaciones, las tácticas de control del otro son siempre abusivas porque invaden su espacio íntimo y suponen arrogarse un derecho sobre la otra persona que causa daños profundos, a veces irreparables (Evans, 1992, pg. 49-68).

Doy por hecho, como en la fábula (Web 3), que hay palabras que causan heridas. Hay base científica para esta afirmación, por tanto, cito sólo algunos trabajos que se han realizado sobre violencia verbal. El libro de Gray (2008), desde una perspectiva clásica de los estilos masculino/femenino, abunda en consejos para mejorar la relación manteniendo el estatus tradicional. Los trabajos basados en el construccionismo social (Lakoff, Sanfélix, Martín Rojo) recalcan la responsabilidad equivalente de los dos miembros en la comunicación. En cambio, los estudios feministas consultados y muy especialmente los de Herman, Hirigoyen, Evans y Bonino demuestran las muchas y graves heridas psicológicas que se derivan del abuso verbal, entre personas de cualquier estatus.

Las heridas que trato de mostrar con mi análisis serían más previsibles en contextos donde la agresión fuese esperable, como podría ser, por ejemplo el entorno laboral, en conversaciones entre personas de diferente estatus o nivel (jefe/subordinada); pero en la pareja se vuelven imprevisibles y, por eso mismo, más graves, porque la interacción desigual se da entre personas que supuestamente son iguales y porque, en principio, la palabra en la pareja parte del amor (Bonino, 2005). Creo, por tanto, que esa desigualdad, que socialmente se tiene por igualdad y, por tanto, permanece invisible, se convierte en una forma doble de perversión por parte de quien ejerce el poder y doble dolor para quien recibe el daño.

A pesar de que varios de los autores consultados (Hirigoyen, Evans, Bonino) mencionan la intencionalidad de controlar por parte del varón y su maldad inherente, lo elusivo de las intenciones (que no son directamente observables) y la manifestación explícita del amor en la pareja conducen a dudar de la consciencia del daño que los mensajes basura causan. Cabe pues preguntarse si el abuso verbal, supuestamente intencional, es consciente o no.

Hirigoyen (1999) dice en la introducción de su libro "El acoso moral" que "los pequeños actos perversos son tan cotidianos que parecen normales" (p.17) y habla de lo natural que resulta para el observador y para el círculo social alinearse con el perverso, porque sus actos y sus palabras parecen inteligentes y "una buena baza" para él (p.13), con lo que los observadores externos se abstienen de intervenir (p.11-16), tolerando así el acoso a la víctima "que parece demasiado buena y "complaciente" y por eso es rechazada o subvalorada (p. 12). Estas observaciones de Hirigoyen inducen a pensar que el varón que vierte basura verbal sobre su pareja lo hace a sabiendas de que así la desestabiliza y precisamente lo hace con ese fin; que lo hace porque ella es complaciente; que si ella se resiste, la basura aumentará en proporción directa al deseo de control de él, para mantener su estatus de poder. Por esa razón, porque el perverso abusa de la inocencia de su víctima, el libro entero de Hirigoyen es un alineamiento a favor de la víctima, desmontando a lo largo de sus capítulos tanto la idea de pretendida inocencia del agresor como la supuesta complacencia en el masoquismo de la víctima –que el psicoanálisis ha preconizado y preconiza– y demostrando en cambio lo devastador del acoso, que puede llegar a una práctica muerte moral de la víctima.

Hirigoyen, dedica en su libro cumplido espacio en todos sus capítulos a visibilizar las estrategias del varón controlador y el capítulo 10 entero a dar consejos a las víctimas para escapar del arrasamiento y la degradación de que son objeto por parte de sus *perversos* predadores de turno, tanto en público (en el trabajo, por ejemplo) como en privado (en la pareja).

A la luz de lo que dice Hirigoyen, podemos decir que verter basura verbal sobre la pareja se puede considerar un acto perverso de primer orden, un acto elegido, algo así como una estrategia de combate, de ataque, *favorita* del varón.

Mi estudio apoya las ideas de Hirigoyen. Mi posicionamiento es, en definitiva, de observadora que denuncia la práctica del acoso y visibiliza el modo cómo se realiza, en un contexto en el que, normalmente, hay pocos observadores. Mi estudio parte de la hipótesis de que ese arrase sistemático también se produce en las parejas estudiadas y pretende poner de manifiesto algunas de las estrategias utilizadas para el arrasamiento de la mujer y su consiguiente sumisión. Sostengo la hipótesis de que las reacciones de la víctima conducirán a reforzar la perversión de que es objeto, círculo que podría romperse siguiendo los consejos de Hirigoyen y con otras estrategias que, suponiendo que así sea, quiero proponer en la conclusión de este trabajo.

Ante el abuso verbal, la víctima tiene sólo dos opciones: someterse o defenderse. En su defensa, la víctima puede también verter basura sobre el victimario. Cabe preguntarse: ¿la basura verbal defensiva de la víctima es abusiva?, ¿o constituye una de las formas legítimas de defensa, en respuesta a la agresiva? Al abordar este trabajo, creo que presumiblemente, la basura defensiva sólo aparecerá en la mujer en casos extremos y en ausencia de otros recursos "pacíficos" (someterse, callar, aceptar...): ¿puede entonces considerarse también abusiva?

Mantengo abierta la pregunta sobre la consciencia del abuso. Porque, aunque las acciones de abuso verbal son directamente destructivas y aunque el objetivo de las estrategias del abuso verbal es el control abusivo de la otra persona, las intenciones no son manifiestas y, en todo caso, la relación se establece entre dos personas: para logar la sumisión, es imprescindible la colaboración de la víctima. Si el maltratador fuera un perverso consciente (como parece decir Hirigoyen) ¿lo sería también su víctima? Si la víctima es consciente ¿por qué no rompe la relación tóxica? Creo que es razonable pensar que, puesto que los dos miembros de la relación reproducen un patrón social que se repite incansablemente de forma generalizada, la estructura de ese patrón puede ser inconsciente para ambos. Profundizaré algo más en este tema en la conclusión.

El machismo subyacente a la basura verbal está basado en el androcentrismo de nuestra cultura, donde todo lo que tiene que ver con los hombres se considera central y lo que tiene que ver con las mujeres se considera al servicio del varón. Esto implica la creencia básica de que el hombre es superior a la mujer. Según esa creencia, ella le tiene que estar sometida y servirle o, al menos, agradarle. Marcela Lagarde de los Ríos (2000) propone acciones que potencien la autoestima de la mujer para, primero, descubrir las claves de la sumisión y la enajenación que sufre como ser tratado como inferior y, segundo, actuar en consecuencia desde la liberación. Dado que, por ahora, si la mujer se rebela, el hombre trata de ejercer un control aún más férreo sobre ella que, en primer lugar, es verbal y/o gestual, la mujer, sostiene Lagarde, debe apropiarse de un espacio de seguridad interior que la lleve, como ser individual y como colectivo, a ejercer su libertad. Esa libertad implica necesariamente no dejarse herir por las palabras, no aceptar la basura verbal que el varón vierte sobre ella, pues no es una parte válida de la relación.

Desde hace unos años, algunas redes de hombres *pro-feministas*, conscientes ya de la violencia que el varón viene ejerciendo sobre la mujer desde los orígenes de la historia, trabajan por concienciar al colectivo de hombres y tratan de educar y educarse en nuevos patrones de relación no violentos con la mujer (ver ejemplo y enlaces en Web 11). El esfuerzo de esos grupos, unido al trabajo de investigadores, educadores, psicólogos y otros agentes sociales y a las actuaciones de las mujeres feministas, que luchamos incansables por la libertad y la igualdad, ratifican también la realidad de la violencia machista en muchos sectores y, a la vez, siembran esperanza. La visión de los hombres pro-feministas me parece especialmente interesante, porque se está insertando en nuestra sociedad como corriente de pensamiento radicalmente opuesta al pensamiento patriarcal dominante y a los neo-mitos machistas (por ejemplo: Síndrome de Alienación Parental [SAP], denuncias falsas, custodia compartida, mediación familiar forzada, revancha antifeminista, varón castrado, varón víctima, violencia doméstica/no de género, conflicto de pareja/no violencia, interés superior del menor frente a padres maltratadores, etc.), que traspasan el ámbito de este trabajo.

Otra base para la observación de las tendencias violentas son las estadísticas consultadas (Web 4), donde la violencia denunciada, en la pareja, la ejerce en un 85% de las veces el varón (Web 4).

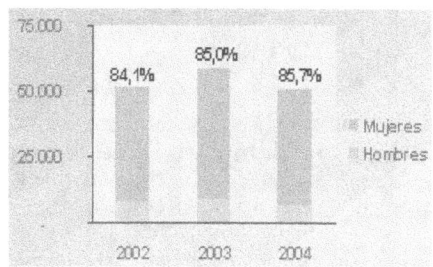

Fig. 1. Total de mujeres y hombres que denuncian violencia de su pareja

Año	2002	2003	2004*
TOTAL	51.529	58.949	50.864
Mujeres	43.313	50.088	43.569
Delitos	11.047	15.462	30.328
Faltas	32.266	34.626	13.241
Hombres	8.216	8.861	7.295
Delitos	984	1.232	2.703
Faltas	7.232	7.629	4.59

Fig. 2. Denuncias 2002-2004, ámbito de pareja

En su despliegue de poder, la gama masculina de prácticas verbales y no verbales combinadas, es casi infinita. *"Micromachismos"*, los llama Bonino; Patricia Evans (2001) los llama *"Abusos verbales"*, *"Relaciones de Control"*, *"Relaciones hacia atrás"*, *"Conexiones equivocadas"*. Yo hablo de *"basura verbal"*, *"mensajes que hieren"*. No hemos sabido todavía encontrar un nombre común que visibilice el fenómeno para todos; pero en todos los casos estamos hablando de actos de violencia realizados con las palabras y los gestos. No son "palabras que se lleva el viento", "costumbres" o "actos inocuos", sino al contrario: son palabras y actos que hacen daño y perpetúan la desigualdad. Puesto que el fenómeno ni siquiera tiene nombre, socialmente —y probablemente para algunas personas también— es como si no existiera.

Al habernos educado todos en esta sociedad patriarcal, cuyo mandato social machista nos arrasa desde dentro del corazón, –volviendo sus maniobras invisibles y por eso más dañinas–, una carga de machismo inconsciente permanece siempre soterrada en la comunicación más trivial. Este trabajo es una cala, un corte para la observación; pretende enfocar directamente a la violencia verbal en la pareja para hacerla visible, desentrañar cómo se ejerce y demostrar que, lejos de ser natural en un contexto de amor, es incompatible con el amor. La conclusión profundiza en este punto.

Resumiendo, parto de la idea ya demostrada (Hirigoyen 1999, Evans 1992 y 2001, Bonino 1999, etc.) de que, cuando la basura verbal se vuelca en el seno de la pareja, se producen devastadores daños psicológicos, muchas veces permanentes, en la persona que recibe esa violencia, desórdenes en el causante y deterioro grave en la pareja (Bonino 2003, 2004, 2005; Evans, 1992 y 2001). Este trabajo, por tanto, ratifica estudios anteriores. Utilizando observaciones de prácticas verbales violentas comunes y cotidianas de la relación de pareja, realizadas en el ámbito privado y el público, muestra cómo se produce este fenómeno y demuestra que lo que Gray y los estereotipos sociales más comunes llaman "diferencias" o "estilos", y lo que la psicolingüística y psicología social llaman "construcciones sociales" son en realidad basura verbal, mensajes que hieren, actos de violencia estructurada. En el contexto de la pareja estos mensajes, realizados por el varón como parte de su rol masculino, son una forma de violencia de género.

Datos y participantes

Para la recogida de datos realicé, durante cuatro meses, observaciones informales en todos los contextos en que me muevo, tomando notas de campo sobre la frecuencia de mensajes hirientes en hombres y en mujeres, niños y niñas, y adolescentes de ambos sexos en situaciones públicas, por ejemplo en parques, plazas o cafés y privadas, por ejemplo en reuniones o en casa. He recogido también datos de interacciones verbales entre parejas heterosexuales que me han proporcionado las propias personas implicadas. Tomé también muestras de actos comunicativos públicos en radio y televisión, muestras de cine, discursos, anuncios, etc.

El entorno de la pareja es un entorno privilegiado de ejercicio de lo social, puesto que tiene características de privacidad que no presentan otros entornos, cosa que hace la comunicación presumiblemente más espontánea en ambos miembros. A causa de la privacidad, la observación, sin embargo, es difícil. Conté para ello con la colaboración de parejas amigas y datos observados en parejas interactuando en público.

De todos los datos recogidos, dada la reiteración masculina de abuso verbal, descarté el enorme número de datos que me habría conducido a hacer una estadística y análisis cuantitativo y elegí realizar un análisis cualitativo de unas pocas situaciones interconectadas, las más representativas y sólo en parejas heterosexuales.

Mi selección final para el análisis se reduce a una transcripción de una conversación telefónica, una serie de correos electrónicos, extractos de un diario y una anécdota en un bar. La conversación telefónica fue elegida de una serie de conversaciones grabadas con conocimiento y permiso de ambos intervinientes. Los correos y el diario me fueron entregados por la mujer con consentimiento explícito de su pareja. A petición de los intervinientes, omití todo tipo de datos identificativos excepto el sexo. Las personas protagonistas de las muestras me han dado su permiso para realizar este análisis. Todas las situaciones son anónimas. La anécdota en el bar es anónima y pública, entendiendo por público un momento en que la pareja en cuestión se manifestaba libremente hablando en voz alta ante extraños.

La muestra analizada
Una conversación telefónica (1)
Dos correos electrónicos en serie (2 y 3),
Extracto de un diario (4),
Una anécdota en un bar (5).

NOTA: Los nombres de los comunicantes han sido sustituidos por Él o Ella. La observación es anónima.

Justificación

Coincidiendo con los autores de estudios anteriores ya mencionados, supongo como base para el abuso verbal la ideología machista, de raigambre patriarcal, soporte ideológico de nuestra cultura. El contexto de este estudio es la pareja heterosexual en interacciones privadas y públicas, orales, escritas o narradas.

Este trabajo consiste en: recogida y selección de datos (trabajo de campo), análisis cualitativo de los datos, cuantificación de las estrategias, conclusiones y propuestas. He elegido hacer un análisis cualitativo, con comentarios sobre el contexto, significado, registros, lenguaje no verbal y suposiciones subyacentes a las interacciones, para mostrar la estructura profunda que, en la comunicación de pareja, sustenta el uso de mensajes hirientes y sus efectos. Como complemento de este análisis cualitativo incluyo un recuento de estrategias y su cuantificación, expresada en un gráfico de barras. Este mini-análisis cuantitativo se realiza con el fin de ver qué estrategias utiliza mayoritariamente el varón y cuáles la mujer.

Frente a una perspectiva clásica (Gray), en realidad patriarcal, que define las diferencias masculinas y femeninas en la conversación como simples estilos, y frente a una posición considerada aséptica, también patriarcal, (Lakoff), que trata la violencia verbal contra la mujer como una construcción social del lenguaje, ofrezco una visión feminista, porque esta visión abre la percepción a una mayor comprensión, pone de manifiesto la diferencia, el uso de las estrategias, la intencionalidad opresora del varón, apunta directamente a la calidad de basura verbal que él despliega, al daño que ésta causa en la víctima, así como las tácticas que la mujer trata de desarrollar para defenderse (generalmente sin conseguirlo).

Al recoger la muestra, al principio procuré buscar interacciones al azar. Elegí las interacciones que presento y no otras por su riqueza y porque, al ser interacciones de la pareja heterosexual se supone que partían supuestamente del contexto del amor. Debo decir, que la muestra elegida para el análisis (sólo parejas heterosexuales) es bastante representativa del conjunto de todas las muestras tomadas: la basura, los mensajes hirientes, la violencia verbal, aparecen por todas partes como un elemento constitutivo de todas las conversaciones en todos los contextos, como si fuese lo "normal"[1].

De ninguna manera pretendo que mi estudio sea extrapolable al conjunto de la sociedad; ni siquiera a la totalidad de la comunicación entre los intervinientes de la muestra. Quiero pensar que el hecho de que haya comunicaciones basura entre ellos no quiere decir que toda su comunicación sea tóxica. Intencionadamente he buscado situaciones representativas; pero las he elegido porque en ellas hay profusión de palabras (y tácticas) que hieren y así es posible analizar cómo y por qué hieren con muchos ejemplos. Mi esperanza es que, al visibilizar las heridas y las tácticas que las causan, tanto las mujeres como los hombres bien intencionados –que supuestamente viven en el amor– al descubrir los daños, aprendan a comunicarse mejor. Siendo un trabajo prospectivo quiere pues también ser sanador.

_____

[1] *Es chocante por ejemplo que, en ocasiones, al escuchar la grabación con los implicados, a pesar de que estaba llena de elementos hirientes, los intervinientes no los reconocían o, en el mejor de los casos se reían, como si fuesen graciosos, ignorando la presencia y los efectos de la basura verbal, a pesar de que, a veces, eran (para mí) evidentes.*

Objetivos

Hipótesis

> *1) El varón focalizará la violencia agresiva, la mujer la defensiva.*
> *2) La mujer y el hombre utilizarán estrategias completamente diferentes de comunicación en la relación.*
> *3) Todas las tácticas, tanto blandas como basura, que la mujer utilice se volverán en su contra.*
> *4) Aparecerán tácticas masculinas de control a la mujer, entre ellas el silencio.*

Mis expectativas al abordar este estudio son:

- Contribuir a destapar el hecho de que el abuso verbal en los mensajes hirientes no es esporádico, sino forma parte del acerbo diario de la violencia estructural del varón contra su pareja.

- Contribuir a señalar que el varón provoca la mayor parte de los contenidos abusivos como elemento de control de la mujer.

- Mostrar que la mujer a veces se defiende de la basura verbal con basura verbal, pero que la mayor parte de las veces, se defiende con silencio o con toda una gama de tácticas femeninas que, sin embargo, no consiguen ablandar la "actitud basura" del varón sino la refuerzan.

- Reflexionar sobre los daños morales que el abuso verbal causa (esas "cicatrices devastadoras que perdurarán para siempre" (Web 3)

- Reflexionar y promover la reflexión sobre la violencia verbal para buscar acciones que cambien el patrón basura.

- Proponer investigación y actuaciones remediadoras para el futuro.

Muestra y análisis

Datos y análisis cualitativo

1. Conversación telefónica[2]

1a. "Agravio añadido".

Trascripción de la conversación telefónica

Contexto:
Ella y Él han hablado sobre un tema. Ella ha propuesto una visión diferente. Él sustenta su opinión en algo que le ha dicho un amigo "que le ha hecho pensar".
Él: ... porque lo que él me ha dicho, me ha hecho pensar.
Ella: ¿Cómo es que te hace pensar lo que dice tu amigo y no te hace pensar lo que te digo yo?
Él: Porque él es un hombre
Ella: Ah... O sea que... ¿yo no te hago pensar porque soy mujer?
Él: Nenita, eres una mandona.
Ella: Oye, no me ataques. Me siento devaluada por el diminutivo ("nenita") y por la definición que haces de mí ("eres una mandona).
ÉL: No y no. "Nenita" es algo cariñoso y "mandona" es lo que eres. Todo lo interpretas al revés. Me quieres controlar.
ELLA: Sólo te digo lo que siento. Yo creo que no soy mandona y mi nombre no es "nenita".
ÉL: Nenita, mandona es lo que eres. Lo cambias todo. Es inadmisible tener que aguantar que me controles así.
ELLA: Puedes tomar lo que te he dicho como si te lo hubiera dicho tu amigo y pensarlo. Si reflexionas, a lo mejor cambias de opinión.
ÉL: No es posible. Porque lo has dicho tú y no mi amigo. Y eso cambia completamente las cosas. Les da otro significado

---

[2] *La conversación telefónica es espontánea. La transcripción me fue entregada por la mujer. Los intervinientes llevaban un tiempo grabando todas sus conversaciones para darme la transcripción de las mismas; hay que suponer un condicionamiento en ellos (hablar para que lo escuche un tercero). No obstante, puesto que éste es un factor que afecta a los dos, no he tenido en cuenta su incidencia, que sería, en todo caso, suavizadora. Al no disponer de la grabación, no se analizan tonos, pausas y silencios no explicitados en la transcripción.*

1b. Análisis. Él

Intervenciones de Él en "Agravio añadido"

Acción	Expresión	Observaciones
Devaluar a la mujer Dar crédito al varón	–Porque él es un hombre	Sitúa a la pareja directamente en inferioridad sólo porque es mujer
Dar la vuelta a los significados Generalizar	–"Nenita" es algo cariñoso –Eres una mandona –Me quieres controlar –Todo lo interpretas al revés.	"Nenita" es despectivo y machista. Nunca un hombre llamaría a otro "Nenito". Él responde calificándola de mandona por preguntar. Él está tratando de controlarla a ella
Definición omnisciente	–Eres una mandona –"mandona" es lo que eres	Definir al otro es invadir su espacio interior (Evans 2001).
Meterse dentro de la mente de ella	–Me quieres controlar	Interpretar sus intenciones malévolamente es atribuir maldad y voluntad de herir.
Hacerse la víctima	–Es inadmisible tener que aguantar que me controles así –Me quieres controlar	Hacerse la víctima, cuando es él quien está victimándola a ella, es invertir los papeles para manipular la situación y mantener el control.
Negar	–No y no –Eso no es posible. Porque lo has dicho tú y no mi amigo	Negar y negarse a pensar es negar otras opciones que pueden ser válidas.
Adoptar la perspectiva del varón como la buena	–...lo has dicho tú y no mi amigo. Y eso cambia completamente las cosas. Le da otro significado.	Atribuir razón al amigo y negársela a ella implica negarle a ella la capacidad de pensar.
Agravio añadido: Actitud de víctima Defender su inocencia	A los epítetos: "nenita" y "una mandona" él añade la actitud de víctima, negándose a pensar. Da la vuelta al significado ("nenita" es despectivo, no cariñoso), y le niega a ella el valor de lo que dice, porque es mujer: su amigo, por ser hombre, es quien posee los significados, no ella.	Añadir daños a los ya causados es tratar de defender el territorio del macho como única realidad posible.
Énfasis cambiado. Exageración	–Lo cambias todo –Es inadmisible	Exagerar convierte en realidad la de él, ignora la visión de ella y sus sentimientos.

1c. Análisis. Ella

Intervenciones de Ella en "Agravio añadido"

Acción	Expresión	Observaciones
Preguntar	*–¿Cómo es que te hace pensar lo que dice tu amigo y no te hace pensar lo que te digo yo?*	La pregunta, como primer abordaje, es indicativa de interés y deseo de saber, dando oportunidad al otro de que se explique y enmiende el error (si fuese error).
Sorprenderse Preguntar	*–Ah… O sea que… ¿yo no te hago pensar porque soy mujer?*	Ella recibe un golpe moral ante la insistencia, que la sitúa en inferioridad, contradiciendo el supuesto valor que creía tener ante su pareja, pero pregunta para ratificar.
Defenderse Mostrar sus sentimientos	*–Oye, no me ataques. Me siento devaluada por el diminutivo ("nenita") y por la definición que haces de mí ("eres una mandona)*	Reconoce el ataque y lo aborda frontalmente con asertividad.
Insistir en defenderse y mostrar lo que siente	*–Sólo te digo lo que siento. Yo creo que no soy mandona y mi nombre no es "nenita".*	Insiste en la asertividad, delimitando su espacio, no aceptando los juicios devaluativos.
Invitar a la reflexión	*–Puedes tomar lo que te he dicho como si te lo hubiera dicho tu amigo y pensarlo. Si reflexionas, a lo mejor cambias de opinión*	A pesar de los signos que le da él de desprecio, ella le invita a reflexionar.
Callar		Su silencio ratifica la fuerza de él, que sigue a lo suyo, dejando la conversación en el mismo punto que al principio.

2. Dos correos electrónicos

2a.Correo electrónico. Ella

Invitación a la reflexión

> **Contexto**: *Ella le ha mandado a Él por correo electrónico el artículo de Bonino "Micromachismos" (Web Luis Bonino: http://www.luisbonino.com/pdf/Los%20Micromachismos%202004.pdf. con el siguiente mensaje.*
>
> *...Este documento ("Micromachismos") puede interesarte. Es posible que al leerlo te enfades porque te parezca que nada tiene que ver contigo. Sin embargo, noto en mí casi todos los efectos que el documento reconoce en las mujeres, causados por los micromachismos supuestamente invisibles. Por lo tanto, no es banal que te preguntes cuáles o cuántas de tus aportaciones a nuestra relación, o cuándo o en qué medida (o todo ello) pueden producir tales efectos en mí. Te añado que también noto los efectos en nuestra relación descritos por Bonino y me pregunto si tú no percibes en ti mismo los efectos que Bonino describe en el varón.*
>
> *Firma de Ella*

2b. Análisis. Ella

Invitación a la reflexión

Acción	Expresión	Observaciones
Enfocar	*Este documento ("Micromachismos"), que estamos estudiando en nuestro curso, puede interesarte.*	Cuando abordamos amable y documentadamente un tema estamos dando al otro la oportunidad de reflexionar y aprender nuevas perspectivas ante la propia vida.
Respetar	*Es posible que al leerlo te enfades porque te parezca que nada tiene que ver contigo*	Cuando informamos al otro de que sabemos que puede pensar de forma diferente o sentirse herido, le estamos mostrando consideración y respeto.
Hablar desde el yo	*...noto en mí casi todos los efectos...*	Cuando hablamos desde el yo introducimos al otro en el propio mundo personal, ofreciéndole la posibilidad de conocerlo, a la vez que le proporcionamos un marco de referencia no invasivo, que le permite distinguir su mundo personal del mundo del hablante, introduciendo un nuevo enfoque comprehensivo y solidario.
Preguntar	*Te añado que también noto los efectos en nuestra relación descritos por Bonino y me pregunto si tú no percibes en ti mismo los efectos que describe en el varón.*	Al preguntar más allá ella da opción al otro de ver las cosas despacio, como andando un camino sin brusquedades ni invasiones; se le invita a la reflexión y la comprensión, cualidades humanitarias por excelencia.

Acción	Expresión	Observaciones
Manifestar temor	*Es posible que al leerlo te enfades*	Ella teme que él se enfade. Este temor nos muestra, entre líneas, que ella prevé una posible reacción adversa hacia el documento de reflexión que le ha propuesto. Ella está transgrediendo las normas conscientemente, pero pone un aviso (para él tanto como para ella misma).

2c. Correo electrónico de Él

Respuesta a "Invitación a la reflexión"

> **Contexto:** *Respuesta a la invitación a la reflexión (mensaje anterior)*
> *Querida:*
>   *Como quiero darte gusto, en todo lo posible, he leído el informe. Lo imprimí primero y lo he leído con calma.*
>   *Bueno. Cuando quieras hablamos. No tengo inconveniente.*
>   *¿Te adelanto alguna impresión? ¡Bien! Yo no soy un experto, pero no dice nada nuevo.*
>   *Las cosas que hacen los hombres con las mujeres, las hacen las mujeres (muchas), con los hombres, los padres con los hijos, los hijos con los padres, los hermanos con los hermanos, los empleados en las oficinas o en las fábricas con los empleados en las oficinas o en las fábricas, los jefes con los subalternos, los subalternos con los jefes y así siempre.*
>   *No son las conductas de los hombres con las mujeres (solamente), son las conductas de los seres humanos con los seres humanos.*
>   *El mérito del artículo, a mi manera de ver, es que, el autor ha tratado de sistematizar el asunto, y, la verdad, no sé si lo ha logrado. Creo que hay un exceso de sistematización y clasificación del asunto, que lo hace farragoso. Pero, en fin, tiene su mérito y como documento de debate vale. Hay que darle las gracias. Las cosas como son.*
>   *Partiendo de la base de que lo que dice es verdad, en todo, hay un problema. Esta divulgación puede alertar a muchas mujeres susceptibles que pueden ver micromachismos en todo o en casi todo. Eso puede ser malo y empeorar la convivencia.*
>   *El autor no distingue entre cuando estas actitudes machistas son puramente culturales, y muchos hombres, aunque las practiquen no son machistas*
>   *El machismo, a mi manera de ver, empieza cuando el individuo o individua, no lo olvidemos, tiene intención de conseguir sus objetivos de poder.*
>   *Creo que hay asunto para mucho debate honrado, y tratar de poner las cosas en su justo medio, que es de donde se pueden abordar los problemas.*
>   *En fin se me agota la filosofía.*
>   *Otra cosa... (Firma de Él)*

2d. Análisis. Él

Respuesta al correo "Invitación a la reflexión"

Acción	Expresión	Observaciones
Enfocar la cuestión	*Querida: Como quiero darte gusto, en todo lo posible, he leído el informe. Lo imprimí primero y lo he leído con calma.*	El arranque, "Querida", invita a pensar en bondad, aceptación, generosidad y cariño, respuesta de buena voluntad a la invitación de ella a leer el artículo. Es el contexto esperable en una relación de pareja que se ama. Expresa que quiere darle gusto y que lo ha leído con calma; con eso trata de tranquilizarla y se tranquiliza él.

Acción	Expresión	Observaciones
Cambiar el enfoque	*Como quiero darte gusto, en todo lo posible, he leído el informe. Lo imprimí primero y lo he leído con calma.*	Pero, en realidad, cambia el enfoque: cuando leemos la información para dar gusto a otro, en vez de "para saber más", lo normal es que no conectemos con la información sino con nuestra imaginación.
Generalizar, normalizar	*Las cosas que hacen los hombres con las mujeres, las hacen las mujeres (muchas), con los hombres, los padres con los hijos, los hijos con los padres, los hermanos con los hermanos, los empleados en las oficinas o en las fábricas con los empleados en las oficinas o en las fábricas, los jefes con los subalternos, los subalternos con los jefes y así siempre. No son las conductas de los hombres con las mujeres (solamente), son las conductas de los seres humanos con los seres humanos.*	En las relaciones de poder, uno trata de someter a otro, y si éste se rebela, el poderoso trata de aniquilarlo psicológica o físicamente. La realidad de la generalización de estas conductas y actitudes no resta horror a su práctica, sino se lo añade, al convertirlas en "lo normal". Pero él expresa que, puesto que es "lo normal y generalizado", no es grave.
Devaluar, minimizar	*El mérito del artículo, a mi manera de ver, es que, el autor ha tratado de sistematizar el asunto, y, la verdad, no sé si lo ha logrado. Creo que hay un exceso de sistematización y clasificación del asunto, que lo hace farragoso. Pero, en fin, tiene su mérito y como documento de debate vale. Hay que darle las gracias. Las cosas como son.*	La sistematización "farragosa y parcial" que Él le concede como único mérito quizá sea el menor de ellos. Bonino en su artículo no sólo <u>sistematiza</u> a su manera, que sí lo hace. También <u>hace visibles unas prácticas que son aberrantes</u>, y cuanto más extendidas más aberrantes; <u>denuncia el hecho</u> del uso del poder para disminuir al otro: <u>aporta un punto de vista masculino</u>, pero utilizando una sabiduría que no es común a los hombres; lo explica <u>en palabras comprensibles</u> y nos <u>advierte de las consecuencias y de los síntomas</u> que podemos sentir al sufrir el abuso verbal en nuestras relaciones más íntimas y personales; <u>pone en contexto las relaciones de desigualdad en la pareja</u>, como él mismo explica al principio; y <u>habla de formas de afrontamiento para sanar las relaciones</u> (pero para comprender todo esto hay que leer el artículo).

Acción	Expresión	Observaciones
Negar el daño, tratar de perpetuarlo. Auto-protegerse	*Partiendo de la base de que lo que dice es verdad, en todo, hay un problema. Esta divulgación puede alertar a muchas mujeres susceptibles que pueden ver micromachismos en todo o en casi todo. Eso puede ser malo y empeorar la convivencia.*	A las mujeres, Bonino nos pone en guardia, nos alerta: así podemos romper el hechizo y empezar a protegernos del abuso de poder. Alertar a las mujeres de los micromachismos de que somos objeto es, ante todo, un despertar difícil para la mujer, ya que se opone a la educación recibida, que es de aguante, silencio y sumisión (Pérez del Campo, 1995, pg 126-147). La divulgación de estos hechos deja desnudo e indefenso al hombre al desvelar sus maniobras y (como Bonino explica), se opone al sentimiento generalizado masculino de "clan": el hombre que se vuelve consciente antimachista, de alguna manera, se queda solo. Negando el daño y tratando de perpetuarlo, Él se autoprotege.
Negar el marco de referencia	*...no dice nada nuevo.*	La novedad de este artículo es la perspectiva de género. Al adoptarla, Bonino desvela las reglas del peligroso juego de poder en el abuso verbal en las relaciones íntimas de pareja. Negando el marco de referencia, Él devalúa el contenido.
Negar el machismo	*El autor no distingue entre cuando estas actitudes machistas son puramente culturales, y muchos hombres, aunque las practiquen no son machistas*	Las actitudes machistas son todas culturales e ideológicas. Quienes las practican son machistas. Esas actitudes y conductas machistas ponen al hombre por encima de la mujer. Son, todas, formas de machismo que derivan del paradigma cultural en que vivimos. Son abusivas. Fueron aprendidas a través de la socialización, de la cultura, que va pasando de padres a hijos. Desde la revolución de la agricultura, en el Neolítico, el machismo como valor cultural ha ido pasando de generación en generación para proteger los valores del macho poderoso o sus representantes frente a los derechos de la mujer y los niños, los "inferiores". En su día, esto fue una forma de defensa del grupo, una necesidad de supervivencia funcional para defender a la especie frente al enemigo y sobrevivir, sometiendo a las necesidades del grupo a todos sus miembros con una sola regla (el miedo). Pero esto ya no es funcional. Ahora, los hombres y las mujeres no necesitamos del miedo ni del poder para relacionarnos, pero lo seguimos usando por cultura por inercia, por arraigado machismo.

Acción	Expresión	Observaciones
Invisibilizar el machismo, poner el énfasis sólo en la intención	*El machismo, a mi manera de ver, empieza cuando el individuo o individua, no lo olvidemos, tiene intención de conseguir sus objetivos de poder.*	Negar la intención no hace inexistente el acto machista. El origen del machismo en la socialización del individuo dentro de la cultura machista convierte en verdad una ideología de poder falaz y aniquiladora al atribuir su existencia a la maldad concreta, esporádica e intencional, o la rareza, de unos cuantos individuos que "se pasan" de machistas y llegan a matar, negando lo cotidiano, sin darle el peso que de verdad tiene, porque atribuye características especiales a esos individuos malvados diciendo que son locos, enfermos, extranjeros, degenerados... "Nosotros" no somos así, dice el sistema. Pero, antes y por detrás de esos actos extremos de machismo están la violencia cotidiana y el abuso de poder soterrado en los micromachismos, donde toda la carga del machismo habitual se exhibe sin que nos demos cuenta.
Devaluar, utilizar imprecisiones	*Creo que hay asunto para mucho debate honrado, y tratar de poner las cosas en su justo medio, que es de donde se pueden abordar los problemas.*	Debate honrado no incluye necesariamente el "justo" "medio", porque el medio no es necesariamente justo ni necesariamente natural. En el tema del machismo, no podemos hablar de "justo medio", porque el poder está situado sólo a un lado y la victimación al otro. Tan sólo desde la igualdad puede hablarse de humanidad. Las desigualdades nos hacen inhumanos y agrandan el sufrimiento hasta extremos nada justos y nada medios.
Cambiar de tema	*En fin se me agota la filosofía. Otra cosa.*	Dar por terminados los argumentos y pasar a otro tema cuando a Él le parece, sin dejar opción a continuar el debate, cierra la posibilidad de que la mujer explique o introduzca más opciones de visión sobre el tema

3. Correos electrónicos y otras respuestas

3a. "Dos mundos diferentes"

> **Contexto:** *Ella responde al anterior mensaje de Él (sobre micromachismos) con un mensaje. Dice que "el machismo es una forma de relación de poder que impide a la mujer expresarse a fondo"; dice que el machismo es siempre cultural; visibiliza los micromachismos como destructivos para la relación y para las personas. Sintetiza: "con el machismo, perdemos todos". A continuación pone algunos ejemplos de la relación de ellos dos, que evidencian el uso de basura verbal por parte de él en ocasiones anteriores (por ejemplo, llamarla "exagerada", decir: "pareces tonta, no me entiendes" o gritarle:"esto se hace así, ¿te enteras?").*
>
> *Él responde con un gesto silencioso, no virtual: le envía un ramo de flores sin mensaje.*
>
> *Ella le contesta: "Me encantan las flores, pero han desviado la conversación. ¿Es que no quieres hablar para seguir controlando?"*
>
> *Correo electrónico: respuesta de Él*
> *No sé, no puedo, no me atrevo a contestar. Solo te diré que me parece que no te refieres a mí. Me parece que hablas de otra persona. ¿Así me ves?*
> *Besos de tu machista, (Firma de Él)*

3b. Análisis

"Dos mundos diferentes"

Acción	Expresión	Observaciones
Mandar flores	*Sin mensaje*	Enviar flores puede ser un gesto muy machista, que ensalza al dador y devalúa a la receptora. Pero, sobre todo, en este caso, es dar por zanjada la conversación, desviando la atención. Al cambiar el foco de interés y ponerse en el lugar principal de la acción: el que da flores, (bello gesto social), Él no puede ser mala persona. Ella se quejaba de cosas sustanciales que, en la presencia del ramo y ausencia de mensaje, pierden fuerza y valor.
Negar el contenido, expresar incredulidad. Hacerse la víctima	*No sé, no puedo, no me atrevo a contestar a tu carta. Solo te diré que me parece que no te refieres a mí. Me parece que hablas de otra persona. ¿Así me ves?*	La desestabilización que le produce a Él el hecho de que ella se queje de su machismo le abruma y entristece. Él no es machista, no la controla ¿de qué se queja ella, qué más quiere? La pregunta final refleja incredulidad, pone distancia, convierte lo esencial para ella en accesorio. Lo importante, para él, es su imagen ante ella (¿por eso también le mandó flores?)

Cambiar lo serio por una broma, minimizar	*Besos de tu machista,*	Definirse con la despedida "tu" machista, un machista propiedad de ella, que le da besos (y flores) a ella, convierte todo el debate anterior en algo banal, vacío, mínimo, quitando hierro a las dificultades de ella y a las suyas propias. Con la broma, quita importancia al debate. Quitando la seriedad, quita también la posibilidad de abordar el tema como algo crucial. La broma desvirtúa la seriedad del planteamiento de ella.

3c- Correo electrónico. Ella

"Dos mundos diferentes"

> **Contexto:** *Ella responde al mensaje de asombro de Él (firmado "Tu machista") con este e-mail*
>
> *Parece que estás triste. Parece que es por mi carta. No es que no me gustasen las flores, ya te dije: es que cortaron la conversación.*
>
> *Parece que no te haces idea de lo revuelta que estoy yo, no precisamente por la carta, que sólo ponía en palabras mis sentimientos, sino por todos los acontecimientos que se han sucedido entre nosotros. Parece que tú vives como si fuesen anécdotas cosas que para mí son cruciales...*
>
> *Te mando un beso, limpio de toda connotación. Por eso dije que quería que mis besos fuesen limpios; sin sexo ni perdón ni connotaciones ni nada. Nada más que beso. Un beso de una igual a un igual. Un beso por puro cariño. Porque, sí, porque el cariño es la única razón que me hace tomarme tanto esfuerzo y presencia y palabras para explicarme a ti.*
>
> *Con esperanza, (Firma de Ella)*

3d. Análisis. Ella

Acción	Expresión	Observaciones
Reconocer los sentimientos y dificultades de él	*Parece que estás triste. Parece que es por mi carta*	Reconocer los sentimientos y dificultades invita a que él vea que ella le comprende y le respeta
Reconocer el esfuerzo de él. Ser sincera.	*No es que no me gustasen las flores, ya te dije: es que cortaron la conversación.*	Ella toma las flores por un gesto válido, pero le pareció inoportuno porque cortaron la conversación y así lo expresa, con sinceridad.
Reconocer su propio dolor. Ahondar en el fondo de la cuestión	*Parece que no te haces idea de lo revuelta que estoy yo, no precisamente por la carta, que sólo pone palabras mis sentimientos, sino por todos los acontecimientos que se han sucedido entre nosotros. Parece que tú vives como si fuesen anécdotas cosas que para mí son cruciales...*	Al expresar sus sentimientos, Ella no se refiere a la carta o al gesto, sino al fondo de la realidad profunda que vive, lo invita a él a entrar en el mundo personal de ella sabiendo que puede hacer cosas diferentes de las que está haciendo. Expresar todo eso es contar con que él la ama. Poniéndose así en manos de él ella le expresa amor.
Hablar seriamente de su amor y su posicionamiento a favor de él y de la relación	*Yo te mando un beso, limpio de toda connotación. Por eso dije que quería que mis besos fuesen limpios; sin sexo ni perdón ni connotaciones ni nada. Nada más que beso. Un beso de una igual a un igual. Un beso por puro cariño. Porque, sí, porque el cariño es la única razón que me hace tomarme tanto esfuerzo y presencia y palabras para explicarme a ti.*	Ella ignora la broma, ("besos de tu machista") y habla de "besos limpios, sin connotaciones, por puro cariño". Así, reconoce el esfuerzo de él y hace entrega de su verdad.

No aceptar la broma	*Con esperanza,*	La despedida de ella muestra un mundo completamente ajeno a la ignorancia que él le ha demostrado, a la dureza, a la devaluación de lo que ella le está dando. Un mundo por construir entre los dos, donde ella habita, del que él se aleja. Pero ella espera, cree en él.

4. Diario de Ella

4a. Texto del diario

Contexto: Esta pareja va a terapia. Ella hace un diario de lo que ocurre entre ellos entre dos sesiones.

Martes
Al salir de la terapia Él dice que estoy como una cabra por confiar en un psicólogo y que él no tenía que haber ido. Cuando reformulo lo que ha dicho, dice que le interrumpo "como siempre" y que le estoy ofendiendo. Se enfada. Dice que le provoco, que le maltrato. Pasa una media hora quejándose de que no le comprendo, de que no quiero entender, de que soy rencorosa, de que le trato mal. Digo que intuyo que nos va a ir bien con el psi. Sigue enfadado. Dice que no entiende nada, que está cansado, que no puede más. Le propongo dejar la relación. Me grita que no quiere. A continuación arremete contra mi idea de "seguir mi intuición". Dice que la intuición es la mejor manera de cometer errores. Trato de explicarle mi idea de intuición. Dice que eso me lo invento porque me conviene, que intuición es lo que dice él y no lo que me convenga a mí. Qué pena, qué pena, va diciendo, él ha intentado evitar el conflicto, pero yo le provoco, le hago estallar.
   Resulta que he perdido el bus de las ocho. Él dice que me lleva a N., aunque le agobia y le molesta. Respondo que no, que está cansado, que debe descansar, que me iré en el bus de la una, pero se niega, insiste en llevarme en su coche. Luego se queja de que no me dejo gobernar, vuelve con la intuición, mi locura como cabra, mi forma tonta de cometer errores, la pena que siente por todo, lo mal que le trato. Al final, de puro agobio, le pido que pare el coche, que me deje "en la puta calle, por favor", digo.
   Me pide con tanto dolor que no le haga eso, que me da pena de él y me dejo llevar, con todo el esfuerzo de él pesándome y todo el mío pesándome también. Pero le doy las gracias. Al despedirnos, le abrazo, le ofrezco tomar algo, le deseo buen viaje. Me dice: "No me gusta cómo me tratas: me tratas mal". Le respondo: "Te trato con mucho amor y con mucho respeto. Cuídate". En N., monto en mi coche y lo veo plantado en la calle, desangelado, impotente, tristísimo. En toda la noche no consigo dormir.

Miércoles
Le envío de nuevo la lista de temas del psicólogo incluyendo también "intuición" y "maltrato". Le pido sus temas.
Hago mis tareas de la terapia de ayer. Las hago con amor y dedicación.
Me gusta la lista de cualidades de Él. Me gustan mis peticiones y mis ofertas, me parecen equitativas y saludables.
Me apena Él y su desvalimiento, su soledad.
Siento gran congoja, porque no encuentro esperanza, pero aquí sigo.
Lloro. Siento compasión por él y por mí misma.
Pero, a pesar del sufrimiento, nada va a distraerme de mi esencial libertad interior, mi ser interior indestructible.

Jueves
Él no ha respondido, no me dice nada sobre los temas ni sobre ninguna otra cosa.

Esta noche, medio en sueños, me venía a la cabeza una conversación con Él, el verano pasado en M, cuando lloraba diciendo que "no quiere ser el marido de la maestra". Se me juntaba con la de anteayer, en el coche, cuando me explicaba que su táctica de meter miedo a sus jefes para que le dejaran en paz siempre funcionó. Yo dije: "A lo mejor eso es lo que intentas con tus cabreos, meterme miedo". Y me respondió: "Mis cabreos los haces tú, por ponerte de jefe. Si te pusieras de obrera de la fábrica, entonces podría ser amable contigo". Pensé: ¿Sólo puede ser amable si me someto a él? Luego añadió: "Pero tú dirías que eso es machismo". Respondí: "Claro". Y pensé: ¿No lo dices tú mismo? Y sin que yo lo hubiese expresado en alta voz, él añadió: "Y es que es machismo. Pero lo haces tú". La conversación no pudo avanzar más, porque cuando le dije que las razones por las que una persona actúa están siempre dentro de la persona y no fuera, se enfurruñó y dijo: "Claro, todo yo; yo todo mal, tú todo bien. No se puede contigo ¿ves cómo me maltratas?" Luego, en el camino a casa, dijo: "No te dejas gobernar".

Viernes
Él me llama por la noche. Pregunta si me importa que me llame de vez en cuando. Le digo que en principio no. ¿Qué tal estás?, me pregunta. Regular, digo. La verdad es que estoy fatal, porque la historia está desmoronándome, me deshace a cachitos. No me dejo. Me centro en el ahora, la meditación, la fuerza. "¿Y tú?", pregunto." Fatal", responde, "yo fatal, muy mal, muy triste. Bueno, ya te llamaré mañana", dice, y cuelga.

Sábado
Él me llama para hablar y casi discutimos otra vez, pero la conversación se reconduce. Él está muy triste y mal. Lo entiendo. Yo también. También estoy muy frágil. Tengo su historia que me pesa y, además, muchas otras cosas. No es fácil estar en paz. Me pregunta si de verdad creo que lo nuestro tiene solución. "No hemos sabido entendernos, pero podemos aprender, digo, a eso vamos a la terapia". Ahora mismo, preferiría no estar con él porque sufro. Pero quiero arreglarlo, me implico a fondo. Por primera vez, me parece que en su actitud hay esperanza.

Domingo
Él me llama para preguntar qué tal y dice: "Ayer me quedé molesto porque te dije que estaba mal y en vez de consolarme me dijiste que tú estabas peor, pero no estoy enfadado, sólo te lo digo para que no digas que te escondo nada".

No creo haber dicho que yo estaba peor, sino que yo también estaba mal. ¿Acaso esto es una competición de malestares? Pero no digo nada: es su interpretación. Lo siento.

Lunes
Él vuelve a llamar a ver qué tal. Dice que se encuentra "mejor, la verdad, mejor". Dice también que me mandará alguna pregunta sobre los temas. Pocas, para no molestar, dice. También dice que a lo mejor me quiere demasiado.

Martes
Espero todo el día las preguntas. No llegan. Leo un libro de autoayuda y practico los ejercicios.

Por la noche me llama. Dice que ha pensado y que no me quiere demasiado, sino muy bien. Que él lo hace todo bien, para pasar desapercibido. Que él trata siempre de mimarme, de cuidarme, de ser exquisito conmigo. Será que está loco, dice, porque no sabe de qué me quejo. Sigue diciendo que le cuente cosas, que a él ya se le ha olvidado todo lo que ha pasado, y que si no le cuento nada, soy rencorosa, dice. Le pido que no me presione y que no me ofenda, que me deje espacio y tiempo. Pero se pone gritar ("coño, joder, ya estamos, no aguantas nada", etc.). Le digo que no me encaja eso de que me quiere tanto con este comportamiento. Grita más. Le digo que si sigue así voy a tener que colgar el teléfono. Entonces me cuelga él.

Miércoles
Por la mañana encuentro un correo que dice "Ya tienes todo el espacio libre. Ya no recibirás más insultos. No he sabido hacerte feliz. Te deseo lo mejor." Bastante sorprendida, le pregunto si eso da por terminada la relación. Dice que sí.

Atónita y herida, llamo al TE (Web 5). La orientadora me aconseja que vaya de todas maneras a la cita con el psicólogo. Voy a hacerlo, pues creo que puede ayudarme a fortalecerme y aclararme.

Medito.
Mis amigas me apoyan.

4b. Análisis (parcial) del diario

Acción	Expresión	Observaciones
Él muestra incomprensión, desvalorización, generalización, cambio de foco; realiza alteraciones del significado.	*...dice que le interrumpo "como siempre" y que le estoy ofendiendo. Se enfada. Dice que le provoco, que le maltrato. Pasa una media hora quejándose de que no le comprendo, de que no quiero entender, de que soy una rencorosa, de que le trato mal. Se queja también de otras cosas...*	En el relato, Él muestra intolerancia, impaciencia e incomprensión; verbaliza generalizaciones ("como siempre"), desviación del foco (llama provocación a reformular lo que él ha dicho, llama maltrato a la actitud comprensiva y paciente de ella), insulta ("una rencorosa") y quita gravedad a lo que hace él.
Ella muestra paciencia	*Explico que a mí me parece importante, porque...* *Trato de explicarle mi idea de intuición*	Ella le muestra paciencia y respeto al escuchar sus quejas y al tratar de explicarle sus planteamientos.
Él se queja Ella calla	*Ayer me quedé molesto porque te dije que estaba mal y en vez de consolarme me dijiste que tú estabas peor, pero no estoy enfadado, sólo te lo digo para que no digas que te escondo nada". No creo haber dicho que yo estaba peor, sino que yo también estaba mal. ¿Acaso esto es una competición de malestares? Pero no digo nada: es su interpretación. Lo siento.*	La llamada es de exigencia y no tiene en cuenta los sentimientos de ella. Está claro en el diario que ella calla para no agrandar más los problemas, pero él puede interpretar su silencio como conformidad. Si así fuera, estaría actuando como refuerzo de la actitud machista de él, pues indicaría sometimiento.
Él expresa quejas y cansancio y ataca	*Dice que no entiende nada, que está cansado, que no puede más. Luego se queja de que no me dejo gobernar, vuelve con la intuición, mi locura como cabra, mi forma tonta de cometer errores, la pena que siente por todo, lo mal que le trato.*	Ella explica por qué es importante compartir información sobre los valores, pero él está cansado. Manifestar cansancio es una de las herramientas de manipulación del machismo: ella trabaja, él se cansa; ella explica, él se queja; él exige y juzga y se queja de ser maltratado (cambia los papeles, se pone de víctima) o insulta ("estás como una cabra").

Acción	Expresión	Observaciones
Ella se agobia Reacciona con basura verbal Se conmueve por él.	*...de puro agobio, le pido que pare el coche, que me deje "en la puta calle, por favor", digo.* *...me da pena de él y me dejo llevar, con todo el esfuerzo de él pesándome y todo el mío pesándome también.*	Ella muestra su cansancio y dolor íntimo con basura verbal defensiva, una expresión grosera, a la altura de lo que él iba diciendo. Ella lanza su basura verbal contra Él como reacción defensiva, por agobio. Enseguida se conmueve y hace el esfuerzo de suavizar la escena. Cabe pensar que la cesión de ella, tras la explosión, actúa como refuerzo del machismo, pues, a pesar de la fuerza desplegada para resistirle, ella explota y luego se doblega.
Él muestra sufrimiento Ella se conmueve	*...plantado en la calle, desangelado, impotente, tristísimo...*	Ella lo ve sufrir, conmovida. Toma nota. Muestra comprensión. Otra vez cede. Cabe preguntarse sobre el uso que él hace de la tristeza, si es genuina o manipuladora.
Ella expresa sufrimiento íntimo	*...lo veo plantado en la calle, desangelado, impotente, tristísimo. En toda la noche no consigo dormir.* *Lloro.* *Siento compasión por él y por mí misma.* *Él me deshace a cachitos.* *...estoy muy frágil* *No es fácil estar en paz* *Lo siento* *Atónita y herida, llamo al TE*	Ella no duerme, llora, expresa compasión por ambos, se siente deshecha y frágil, no está en paz, sino atónita y herida. Toma medidas de apoyo para sí misma (pide ayuda, lee libros, habla con sus amigas, volverá a ir al psicólogo)

4c. Estrategias comunicativas del diario

Llamo *estrategia* al conjunto de acciones coherentes con el fin que se pretende. La estrategia comunicativa puede ser constructiva (su fin es el intercambio sano de información entre dos personas) o destructiva (tóxica, basura). Por *táctica* entiendo cada acto concreto que cada persona realiza dentro de su estrategia comunicativa particular.

Ella	Táctica utilizada
…reformulo lo que ha dicho. Explico… Explico que a mí me parece importante, porque… Trato de explicarle mi idea de intuición	Escuchar, reformular y ofrecer explicaciones
Le propongo dejar la relación.	Proponer
Digo que intuyo que nos va a ir bien	Mostrar optimismo
…podemos aprender, digo, a eso vamos a la terapia.	
Le envío de nuevo la lista de temas del psicólogo-Hago mis tareas de la reunión de ayer. Las hago con amor y dedicación	Cumplir sus pactos
Hago mis tareas de la reunión de ayer. Las hago con amor y dedicación.	Reaccionar con basura verbal defensiva ("déjame en la puta calle").
…que me deje "en la puta calle, por favor", digo.	Suavizar con "por favor".
…le doy las gracias. Al despedirnos, le abrazo, le ofrezco tomar algo, le deseo buen viaje	Mostrar educación, cariño, respeto y buenos deseos.
No digo nada.	
Le envío de nuevo la lista de temas del psicólogo Le pido sus temas. Espero todo el día las preguntas	Callar
	Intentar y esperar que él cumpla sus pactos
…nada va a distraerme de mi esencial libertad interior, mi ser interior indestructible-No me dejo. Me centro en el ahora, la meditación, la fuerza. Mis amigas me apoyan	Refugiarse en el ahora, en su interior y en sus amigas
Llamo al Teléfono de la Esperanza (Web 5)	Pedir ayuda

Él .Expresión (transcrito del diario de Ella)	Táctica utilizada
Se enfada. Grita más. Dice que le provoco, que le maltrato. ("coño, joder, ya estamos, no aguantas nada", etc.	Gritar, enfadarse, taquear. Hacerse la víctima (se queja, echa culpa a ella de su estado de ánimo).
Pasa una media hora quejándose	Devaluar.
...que le interrumpo "como siempre" y que le estoy ofendiendo	Exagerar, generalizar, cambiar significados
Qué pena, qué pena. Él está muy triste	Mostrar sus sentimientos (Muestra tristeza que parece genuina) o Hacerse la víctima.
...dice que me lleva a N., aunque le agobia y le molesta	
... insiste en llevarme en su coche. Luego se queja.	Hacer una oferta acompañada de la queja de que le molesta cumplirla, insistir (¿se pone de sufrido salvador?)
...desangelado, impotente, tristísimo	
Dice que la intuición es la mejor manera de cometer errores.	
Dice que eso me lo invento porque me conviene, que intuición es lo que dice él y no lo que me convenga a mí	Devaluar lo que dice ella. Suponer malas intenciones.
Me pide con tanto dolor que no le haga eso...	Mostrar dolor (ella lo toma por real, pero, ¿es real o puesta en escena?)
Dice que no quiere ser "el marido de la maestra". Eso lo haces tú, por ponerte de jefe. Si te pusieras de obrera de la fábrica	
Claro, todo yo; yo todo mal, tú todo bien. No se puede contigo ¿ves cómo me maltratas?	Expresar derecho a ser superior y a que si ella no le deja serlo, lo anula a él (Decir que quiere ser superior, ser su jefe, gobernarla)
Dice también que me mandará alguna pregunta sobre los temas. Pocas, para no molestar, dice	Exagerar, cambiar el significado
Espero todo el día las preguntas. No llegan.	
	No cumplir sus pactos

5. *Anécdota en un bar:*

5a. Cerveza derramada

> *En una terraza, una pareja toma el aperitivo mientras dos niños corretean entre las mesas. Uno de los niños empuja la mesa. Al volverse para llamarle la atención, Ella derrama la cerveza de Él. En ese momento, Él la mira largamente con ojos entornados, el labio superior levantado. Cuando ella lo ve, él retira la mirada y dice: "Hay que joderse, qué imbécil. Mujer tenías que ser". Ella se levanta tranquila y va a buscar servilletas, con las que recoge la cerveza derramada sobre la mesa y el suelo. Vuelve a la barra y se acerca a la mesa llevando otra caña. "Toma, otra", dice en voz baja. Él no responde.*

5b. Análisis de "Cerveza derramada"

Acción		Expresión		Observaciones	
Ella	**Él**	**Ella**	**Él**	**Ella**	**Él**
Ella derrama la caña de al volverse a atender a los niños	*Mira*	*Calla*	*Mira largamente con ojos entornados y el labio superior levantado*	*El silencio de ella no agranda el incidente ¿Muestra miedo? ¿Se siente culpable por no haber contenido el juego de los niños?*	*Muestra desprecio hacia ella con un gesto. Echa la culpa a Ella de la acción del niño expresándolo sin decirlo.*
Mira o ve el gesto de él	*Se enfada*	*Calla y actúa*	*...retira la mirada y dice: "Hay que joderse, qué imbécil. Mujer tenías que ser"*	*Ella se levanta y va a buscar servilletas, recoge la cerveza. Se muestra servil o conciliadora.*	*El silencio de él es acusador y pone gravedad en el incidente. Sus palabras hirientes agravan todo aún más.*
Lleva otra caña para Él	—	*"Toma otra"*	*Calla*	*Ella trata de quitarle hierro al incidente*	*Se muestra despectivo y prepotente*

El contexto público de la escena y la no intervención de otras personas convierten a esta anécdota en un ejemplo paradigmático de "normalización" del abuso de la mujer.

6. Creencia de superioridad masculina

En la muestra analizada puede observarse que, en el conjunto de la relación, subyace en el hombre la creencia de que es superior a la mujer. Basado en esa creencia, el hombre la ejerce con toda tranquilidad sin necesidad de reivindicarla. La siguiente tabla pone de manifiesto algunos ejemplos que demuestran esa creencia básica.

	Expresiones	*Creencia de superioridad masculina*
Conversación telefónica	*...me ha hecho pensar...Porque él es un hombre* *No es posible. Porque lo has dicho tú y no mi amigo. Y eso cambia completamente las cosas. Les da otro significado*	*Implica creencia de que el hombre, por ser hombre, merece más crédito que la mujer.* *La creencia de superioridad es reforzada por la repetición (Lo repite dos veces)*
	Cuando ella dice: *...Me siento devaluada por el diminutivo ("nenita") y por la definición que haces de mí ("eres una mandona).* ***Él responde:*** *No y no. "Nenita" es algo cariñoso y "mandona" es lo que eres. Todo lo interpretas al revés. Me quieres controlar.* *Nenita, eres una mandona. (repetición)*	*Ella protesta por el apelativo despectivo (nenita) y la definición (mandona); al responder él diciendo que es ella quien cambia los significados y atribuirle una intención malévola de manipular, que es la que manifiesta él, muestra que trata de controlarla devaluándola y desprestigiando su derecho a protestar por el abuso.* *El afán de control implica creencia de superioridad.* *Refuerzo por repetición (Lo repite dos veces).*

Micromachismos (Bonino)	*Esta divulgación puede alertar a muchas mujeres susceptibles que pueden ver micromachismos en todo o en casi todo. Eso puede ser malo y empeorar la convivencia.* *El autor no distingue entre cuando estas actitudes machistas son puramente culturales, y muchos hombres, aunque las practiquen no son machistas* *El machismo, a mi manera de ver, empieza cuando el individuo o individua, no lo olvidemos, tiene intención de conseguir sus objetivos de poder.*	*Creer que, si las mujeres aprenden, van a estar peor que si no aprenden es mostrar la creencia básica de que un ser inferior como una mujer seguramente no sabrá responder a la sabiduría adecuadamente, por comparación implícita con los hombres.* *Decir que el uso de micromachismos en ellos no es machista implica creer que ellos tienen naturalmente la prerrogativa de actuar sometiendo, da por natural el poder de ellos que sólo sería machista si mediase la voluntad. Cree que, en ellas ni la voluntad ni el aprendizaje "pueden" existir, que por ser ellas inferiores, no tienen esas características, en cambio ellos administran a voluntad la intención y el saber, de acuerdo con su rango superior.*
Diario de Ella	*… dice que estoy como una cabra por confiar en un psicólogo* *…arremete contra mi idea de "seguir mi intuición". Dice que la intuición es la mejor manera de cometer errores. Trato de explicarle mi idea de intuición. Dice que eso me lo invento porque me conviene, que intuición es lo que dice él y no lo que me convenga a mí*	*Él niega la intuición de ella como válida y la devalúa mostrando que cree que su forma (la de él) de razonar es superior a la de ella y que, además, ella se inventa ideas absurdas para su conveniencia. Adjudicándole a ella la manipulación que ejerce él, muestra la creencia subyacente de que ella no puede tener cualidades que él no comprenda; que ella no puede ser ni igual a él ni diferente de lo que él espera. Si se muestra diferente está como una cabra.*
	Se queja de que no me dejo gobernar, vuelve con la intuición, mi locura como cabra, *…lloraba diciendo que "no quiere ser el marido de la maestra*	*Al quejarse de que ella no se deja gobernar o que él no quiere ser el marido de la maestra muestra creer que él debe gobernarla o enseñarla, puesto que se considera el jefe, el maestro.*
	…me explicaba que su táctica de meter miedo a sus jefes para que le dejaran en paz siempre funcionó. *Si te pusieras de obrera de la fábrica, entonces podría ser amable contigo".*	*Al decir que el miedo es la mejor táctica de control y querer usarla con ella, como con sus jefes, demuestra creer que él es quien debe manejar la situación. Si es el jefe, él manda. Si ella se pone de jefa, él le tiene que meterle miedo para gobernarla. Decir que si ella se comporta como una obrera él puede ser amable muestra creer que él es "buen jefe"*

		Dice que ha pensado y que no me quiere demasiado, sino muy bien. Que él lo hace todo bien, para pasar desapercibido. Que él trata siempre de mimarme, de cuidarme, de ser exquisito conmigo. Será que está loco, dice, porque no sabe de qué me quejo. Sigue diciendo que le cuente cosas, que a él ya se le ha olvidado todo lo que ha pasado, y que si no le cuento nada, soy rencorosa, dice. Le pido que no me presión y que no me ofenda, que me deje espacio y tiempo. Pero se pone gritar ("coño, joder, ya estamos, no aguantas nada", etc.)	*Él quiere cuidarla y mimarla. Esa expresión indica la creencia de que ella es débil, frágil. Cuando a él se le ha pasado el disgusto por la desavenencia, él muestra creer que ella tiene que entrar en la situación de bondad que él ha encontrado. Si no entra, él se enfada con ella, grita y taquea porque ella, según su creencia de que él es superior, no puede negarse a lo que él quiera. En realidad, no propone, exige como el superior que cree ser.*
Cerveza derramada		*"Hay que joderse, qué imbécil. Mujer tenías que ser".*	*Esa expresión, airada y grosera, implica creer que, si ella es mujer es naturalmente imbécil. Él se cree superior por ser hombre y la denigra, restregándole por la cara que es inferior y abusando abiertamente de esa arrogada superioridad, que se agrava aún más cuando ella recoge y le sirve.*

7. Tácticas dinámicas de comunicación

Ejemplos en diferentes registros

Acción/reacción	**Él**	*Taquea*	*Insulta, agrede*	*Devalúa*	*Se burla*	*Muestra ira*
	Ella	*Calla*	*Se defiende con sentimientos o calla*	*Pregunta*	*Explica*	*Acepta orden implícita o calla*
Acción/reacción	**Ella**	*Calla*	*No toma la iniciativa que él espera*	*Se paraliza o pregunta*	*Protesta*	*Muestra agobio o se enfada*
	Él	*Da por supuesto que él tiene razón*	*Muestra tristeza o enfado*	*Se crece*	*Se enfada*	*Se enfada más*

Registros

En el cuadro precedente, ejemplos de tácticas dinámicas de comunicación, se resumen tan sólo algunas de las acciones/reacciones de los interlocutores. Lo que vemos es que las tácticas de ella no están en el mismo registro que las de él. Por ejemplo, si Él se burla, Ella trata de explicarle cosas. Si Él taquea, Ella calla; si Él devalúa, Ella pregunta, etc.

Cuantificación de tácticas

En primer lugar, se ha procedido a efectuar un recuento de tácticas, clasificándolas por orden de aparición a lo largo de toda la muestra. Este recuento pretende cuantificar tanto las tácticas empleadas como el número de ellas que cada miembro de la pareja utiliza a lo largo de las intervenciones analizadas.

Para esta clasificación, por tácticas ejemplificadas según su orden de aparición, recordemos también las categorías de abuso verbal de Patricia Evans, que, en el cuadro, aparecen reflejadas a la derecha: *Ocultar información y/o responder con silencio, rebatir, tergiversar y minimizar, ignorar a la persona o lo que dice, disfrazar el abuso verbal con bromas, chistes o comentarios jocosos, impedir expresarse/desviar la conversación, acusar o culpar a la otra persona, definir, juzgar o criticar a la otra persona, trivializar lo que dice, hace o es, minar la autoestima o denigrar, amenazar (aunque sea veladamente), insultar, olvidarse (decir que se le ha olvidado), dar órdenes, negar (lo que hace/dice o acaba de hacer/decir), utilizar la ira de forma abusiva (Evans 1992, pg. 85)*

El resultado del recuento puede verse en la tabla siguiente.

Recuento de tácticas

Tácticas	Él	Ella	Categorías de P. Evans
Comparación	*lo que él me ha dicho, me ha hecho pensar. Porque él es un hombre.* *Porque lo has dicho tú y no mi amigo. Y eso cambia completamente las cosas. Les da otro significado*		Devaluar, Tergiversar
Ataque	*Nenita, eres una mandona.* *Nenita, mandona es lo que eres. Lo cambias todo.* *Es inadmisible tener que aguantar que me controles así.* *Me quieres controlar.* *Él dice que estoy como una cabra por confiar en un psicólogo y que él no tenía que haber ido.* *Cuando reformulo lo que ha dicho, dice que le interrumpo "como siempre" y que le estoy ofendiendo. Se enfada. Dice que le provoco, que le maltrato. Pasa una media hora quejándose de que no le comprendo, de que no quiero entender, de que soy rencorosa, de que le trato mal.* *A continuación arremete contra mi idea de "seguir mi intuición". Dice que la intuición es la mejor manera de cometer errores.* *Dice que eso me lo invento porque me conviene, que intuición es lo que dice él y no lo que me convenga a mí. Qué pena, qué pena, va diciendo, él ha intentado evitar el conflicto, pero yo le provoco, le hago estallar.* *Pero se pone gritar ("coño, joder, ya estamos, no aguantas nada", etc.).* *Grita más. Le digo que si sigue así voy a tener que colgar el teléfono. Entonces me cuelga él.* *Él la mira largamente con ojos entornados, el labio superior levantado* *él retira la mirada y dice: "Hay que joderse, qué imbécil. Mujer tenías que ser".*		Rebatir, Minimizar, Ignorar, Denigrar, Acusar, Juzgar

Defensa		Oye, no me ataques. Sólo te digo lo que siento. Yo creo que no soy mandona y mi nombre no es "nenita". de puro agobio, le pido que pare el coche, que me deje "en la puta calle, por favor", digo.	
Aclaración (pedir, dar)		Me siento devaluada por el diminutivo ("nenita") y por la definición que haces de mí ("eres una mandona). ¿Cómo es que te hace pensar lo que dice tu amigo y no te hace pensar lo que te digo yo? Trato de explicarle mi idea de intuición. O sea que... ¿yo no te hago pensar porque soy mujer?	
Definir	Nenita" es algo cariñoso y "mandona" es lo que eres		**Definir, Insultar**
Desvirtuar	Todo lo interpretas al revés. Esta divulgación puede alertar a muchas mujeres susceptibles que pueden ver micromachismos en todo o en casi todo. Eso puede ser malo y empeorar la convivencia. El autor no distingue entre cuando estas actitudes machistas son puramente culturales, y muchos hombres, aunque las practiquen no son machistas El machismo, a mi manera de ver, empieza cuando el individuo o individua, no lo olvidemos, tiene intención de conseguir sus objetivos de poder. Creo que hay asunto para mucho debate honrado, y tratar de poner las cosas en su justo medio, que es de donde se pueden abordar los problemas. le envía un ramo de flores sin mensaje. No sé, no puedo, no me atrevo a contestar. Solo te diré que me parece que no te refieres a mí. Me parece que hablas de otra persona. ¿Así me ves? Me dice: "No me gusta cómo me tratas: me tratas mal" Él no responde.		**Tergiversar, Generalizar, Rebatir, Responder con silencio,**

Sugerir Invitar a reflexionar		*Puedes tomar lo que te he dicho como si te lo hubiera dicho tu amigo y pensarlo. Si reflexionas, a lo mejor cambias de opinión* *El email: "Invitación a la reflexión* *Me encantan las flores, pero han desviado la conversación. ¿Es que no quieres hablar para seguir controlando?* *"No hemos sabido entendernos, pero podemos aprender, digo, a eso vamos a la terapia".*	
Trivializar	*Como quiero darte gusto, en todo lo posible, he leído el informe. Lo imprimí primero y lo he leído con calma.* *Bueno. Cuando quieras hablamos. No tengo inconveniente.* *¿Te adelanto alguna impresión? ¡Bien! Yo no soy un experto, pero no dice nada nuevo.* *El mérito del artículo, a mi manera de ver, es que, el autor ha tratado de sistematizar el asunto, y, la verdad, no sé si lo ha logrado. Creo que hay un exceso de sistematización y clasificación del asunto, que lo hace farragoso. Pero, en fin, tiene su mérito y como documento de debate vale. Hay que darle las gracias. Las cosas como son.* *Besos de tu machista* *...que a él ya se le ha olvidado todo lo que ha pasado, y que si no le cuento nada, soy rencorosa, dice.* *Dice que ha pensado y que no me quiere demasiado, sino muy bien. Que él lo hace todo bien, para pasar desapercibido.*		Tergiversar, Devaluar, Disfrazar con bromas
Generalizar	*Las cosas que hacen los hombres con las mujeres, las hacen las mujeres (muchas), con los hombres, los padres con los hijos, los hijos con los padres, los hermanos con los hermanos, los empleados en las oficinas o en las fábricas con los empleados en las oficinas o en las fábricas, los jefes con los subalternos, los subalternos con los jefes y así siempre. No son las conductas de los hombres con las mujeres (solamente), son las conductas de los seres humanos con los seres humanos.*		Tergiversar

55

Reconocer		*Parece que estás triste. Parece que es por mi carta.* *No es que no me gustasen las flores, ya te dije: es que cortaron la conversación.* *Parece que no te haces idea de lo revuelta que estoy yo, no precisamente por la carta, que sólo ponía palabras mis sentimientos, sino por todos los acontecimientos que se han sucedido entre nosotros. Parece que tú vives como si fuesen anécdotas cosas que para mí son cruciales...* *Me gusta la lista de cualidades de Él.* *Me gustan mis peticiones y mis ofertas, me parecen equitativas y saludables.* *Me apena Él y su desvalimiento, su soledad.* *Siento gran congoja, porque no encuentro esperanza, pero aquí sigo. Lloro. Siento compasión por él y por mí misma.*	
Acercarse		*Te mando un beso, limpio de toda connotación. Por eso dije que quería que mis besos fuesen limpios; sin sexo ni perdón ni connotaciones ni nada. Nada más que beso. Un beso de una igual a un igual. Un beso por puro cariño. Porque, sí, porque el cariño es la única razón que me hace tomarme tanto esfuerzo y presencia y palabras para explicarme a ti.* *Pero le doy las gracias. Al despedirnos, le abrazo, le ofrezco tomar algo, le deseo buen viaje* *Le envío de nuevo la lista de temas del psicólogo incluyendo también "intuición" y "maltrato". Le pido sus temas.* *Hago mis tareas de la terapia de ayer. Las hago con amor y dedicación. Cuando ella lo ve, Ella se levanta tranquila y va a buscar servilletas, con las que recoge la cerveza derramada sobre la mesa. Vuelve a la barra y se acerca a la mesa llevando otra caña. "Toma, otra", dice en voz baja.*	

| Manipular | *Él dice que me lleva a N., aunque le agobia y le molesta. Respondo que no, que está cansado, que debe descansar, que me iré en el bus de la una, pero se niega, insiste en llevarme en su coche. Luego se queja de que no me dejo gobernar, vuelve con la intuición, mi locura como cabra, mi forma tonta de cometer errores, la pena que siente por todo, lo mal que le trato.*

Dice que no entiende nada, que está cansado, que no puede más.

lloraba diciendo que "no quiere ser el marido de la maestra". Se me juntaba con la de anteayer, en el coche, cuando me explicaba que su táctica de meter miedo a sus jefes para que le dejaran en paz siempre funcionó. Yo dije: "A lo mejor eso es lo que intentas con tus cabreos, meterme miedo". Y me respondió: "Eso lo haces tú, por ponerte de jefe. Si te pusieras de obrera de la fábrica, entonces podría ser amable contigo"

cuando le dije que las razones por las que una persona actúa están siempre dentro de la persona y no fuera, se enfurruñó y dijo: "Claro, todo yo; yo todo mal, tú todo bien. No se puede contigo ¿ves cómo me maltratas?" Luego, en el camino a casa, dijo: "No te dejas gobernar".

Pregunta qué tal y dice: "Ayer me quedé molesto porque te dije que estaba mal y en vez de consolarme me dijiste que tú estabas peor, pero no estoy enfadado, sólo te lo digo para que no digas que te escondo nada".

Dice también que me mandará alguna pregunta sobre los temas. Pocas, para no molestar, dice.

También dice que a lo mejor me quiere demasiado. Que él trata siempre de mimarme, de cuidarme, de ser exquisito conmigo. Será que está loco, dice, porque no sabe de qué me quejo. | | Tergiversar, Denigrar, Acusar, Juzgar, Negar, Impedir, expresarse |

Pensar en positivo y buscar ayuda		*Con esperanza,* *Pero, a pesar del sufrimiento, nada va a distraerme de mi esencial libertad interior, mi ser interior indestructible. Espero todo el día las preguntas. No llegan. Leo un libro de autoayuda y practico los ejercicios.* *Digo que intuyo que nos va a ir bien. Atónita y herida, llamo al TE. La orientadora me aconseja que vaya de todas maneras a la cita con el psicólogo. Voy a hacerlo, pues creo que puede ayudarme a fortalecerme y aclararme.* *Medito.* *Mis amigas me apoyan.*	

Resumen de tácticas

Él	Ella
Ataque (12)	Acercarse (6)
Comparación (2)	Aclaración (pedir, dar) (4)
Definir (1)	Defensa (3)
Desvirtuar (10)	Pensar en positivo y buscar ayuda (7)
Generalizar (1)	Reconocer (7)
Manipular (7)	Sugerir, invitar a reflexionar (4)
Trivializar (7)	

Los gráficos de estrategias no pueden ser comparativos (un solo gráfico de barras, por ejemplo) ya que las tácticas de Él y Ella a lo largo de toda la muestra no se repiten nunca. Vemos que las preferencias de él son el ataque, desvirtuar, trivializar y manipular, con incursiones de otras tácticas (generalizar, comparar y definir), representando en su conjunto una estrategia sostenida de comunicación tóxica (rompimiento de la comunicación). Ella, por su parte, mantiene una línea homogénea de tácticas de refuerzo y acercamiento, conducentes al refuerzo comunicativo, coherentes con su estrategia de construcción de la comunicación.

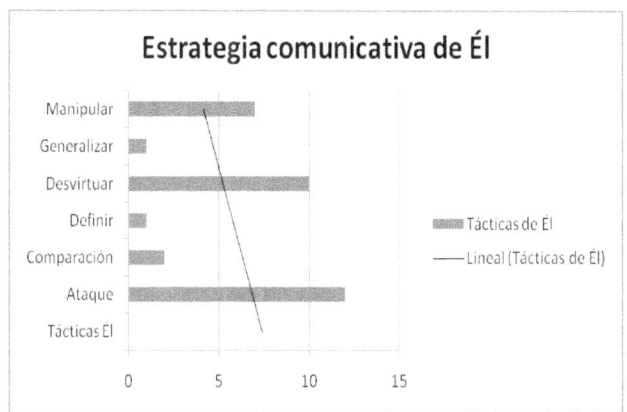 

Fig. 3. Gráficos de estrategias

El gráfico muestra que la estrategia de Ella presenta tácticas abiertas y una tendencia mayor a la homogeneidad que las de Él. La estrategia de Él se organiza en una gama de tácticas cerradas, de la que elige por un orden (subjetivo) y heterogéneo las más adecuadas a su fin en cada momento. Llama la atención la falta de co-relatividad de las tácticas. Por ejemplo, siendo el ataque la táctica número uno de Él la defensa es, sin embargo, la última táctica de Ella.

Comentarios

Recordemos las hipótesis de este trabajo

Hipótesis
1) que el varón focaliza la violencia agresiva, la mujer la defensiva
2) que la mujer y el hombre utilizan tácticas completamente diferentes de relación
3) que todas las tácticas que la mujer utiliza, tanto *blandas* como basura, parecen volverse en su contra;
4) que existen elementos que se establecen en la pareja como táctica masculina de control a la mujer, incluyendo entre ellas el silencio.

El análisis de la muestra requiere un largo comentario. En él, prescindo de las escasas manifestaciones de rasgos positivos recíprocos (por ejemplo, amor), porque puede decirse que estas muestras no son correlativas. Por ejemplo, él manda flores (tal vez con intención reparadora o de cuidado), pero ella lo toma como desviación del tema central. Eso no ratifica el amor sino, en el mejor de los casos, se aclararía como un malentendido. Ahora, bien, los malentendidos (en la muestra) parecen causados por la diferencia de estrategias comunicativas y la incompatibilidad de territorios comunicativos. Esta ruptura de la comunicación se explica como una de las consecuencias directas de la socialización en el sistema patriarcal, donde el mundo del poder implica la necesidad y el distanciamiento del mundo de la sumisión: dos mundos de creencias diferentes, dos estrategias completamente diferentes, dos repertorios de tácticas incompatibles.

El análisis demuestra que el hombre siempre origina la intervención basura y que la realiza gratuitamente, sin necesidad de provocación previa alguna.

Los gráficos de cuantificación de tácticas hablan por sí solos en tanto que ponen de manifiesto la diferencia comunicativa absoluta entre el varón y la mujer. Con sólo mirarlos vemos que, en esta muestra, todas las tácticas del varón tienden a romper la comunicación, mientras la mujer, en cambio, trata de comunicarse con tácticas positivas que invitan al acercamiento y la concordia. En la mujer, todas sus tácticas, incluida la defensa, son comunicativas, excepto pensar en positivo y buscar ayuda, que pueden considerarse una forma de elusión pero son, sin embargo, cuando menos, sanadoras. Al no lograr su objetivo comunicativo, ella, o bien se defiende o bien se refugia en pensamientos positivos y pide ayuda.

La falta de co-relatividad en las tácticas muestra la diferencia de mundos en que viven ambos. Las únicas tácticas correlativas son el ataque y la defensa, pero ni en ese caso son equilibradamente recíprocas: cuando Él ataca, Ella escasamente se defiende.

Las implicaciones de las diferencias de estrategia entre ambos miembros de la pareja muestran dos mundos anímicos completamente diferentes: al parecer, no sólo hablan distintas lenguas, por así decirlo, sino que también hablan de realidades distintas. ¿Será que sus mundos anímicos no tienen puntos de contacto? Esta reflexión es sumamente llamativa, teniendo en cuenta que se trata del mundo de la pareja que, al menos en algunos momentos, ofrece manifestaciones de amor, de confianza, de esperanza, etc.

Co-dependencia machista

El análisis cualitativo del contexto pone de manifiesto que las aportaciones de basura verbal del varón son realizadas de manera gratuita y por sorpresa, a veces incluso camuflada "de amor", como si hubiese detrás una costumbre de hacer daño que trasciende la situación. Ella, por su parte, se ve siempre sorprendida por las aportaciones hirientes de Él y no entra en el juego excepto para defenderse esporádicamente. En una ocasión, Ella vuelca también basura verbal, que a Él le duele; Ella entonces, retrocede y se somete (Diario, martes). Esta secuencia comunicativa podría implicar que Él sigue ciertos dictados genéricos de la costumbre que no tienen en cuenta la realidad particular (el hecho comunicativo en sí) puesto que tiende a demostrar su superioridad sobrevolando el tema de fondo; mientras Ella, en cambio, procura centrar la comunicación en el hecho concreto, hasta el punto de que las aportaciones violentas de Él (genéricas) la pillan siempre por sorpresa, pues no cuenta con ellas. A Él, por su parte, las aportaciones concretas de Ella no le impresionan, pues está aparentemente centrado en demostrar que Él es superior e imponer su superioridad a cualquier coste y en todo momento. Esto indica una especie de meta-estrategia que abarca la estrategia comunicativa básica y destruye la comunicación, porque la trasciende con un único y constante objetivo: demostrar quién controla, quién es "más". Esta meta-estrategia crea una forma de estructura en la interacción en la que los dos miembros ratifican sus roles machistas co-dependientes de superioridad/sumisión.

La relación de pareja es un compromiso voluntario y el contexto de la muestra se supone que es el amor. Pero el análisis de esta muestra no ratifica el amor, sino la relación co-dependiente de machismo con dos variantes: Él ejerce el poder, Ella la sumisión. Por ejemplo:

Él agrede por sorpresa si sospecha que ella no se va a someter (Cerveza derramada), o bien

Él actúa desde la superioridad y, cuando ella no la acepta, agrede volcando basura verbal y/o gestual (resto de la muestra)

La relación es manifiestamente co-dependiente (es decir, no de amor y respeto) porque, a su vez, ella responde a las agresiones con dos patrones genéricos y uno específico. Los genéricos se resumen en uno: sumisión; ella se somete; si no lo hace espontáneamente a la primera, termina cediendo después.

Ella acepta la superioridad de él y se somete espontáneamente (Cerveza derramada), o bien

Ella pone resistencia, explica, ofrece, cambia o intenta aclarar, y luego cede (resto de la muestra).

El patrón específico indica constantemente que ella trata de centrar la comunicación sobre el contexto comunicativo; pero no lo logra.

El silencio como táctica

Los silencios, y las tácticas en torno al silencio, de Él y de Ella son muy diferentes. Veamos algunos casos.

Tácticas de silencio de Ella

En "Cerveza derramada", cuando ella calla, otorga al hombre su deseo, ni siquiera cuestiona sus groserías (ni ella ni ninguno de los presentes en el bar); así consigue que no se agrande más la basura que la ensucia. Lo mismo ocurre en el silencio del Diario (domingo).

En los otros ejemplos que hemos visto, el silencio de la mujer está seguido de tácticas de arreglo: en "Diario de Ella", ella le abraza, le besa, propone tomar algo, etc.

El silencio de ella ante la broma *"tu machista"*, en cambio, reenfoca el tema de fondo de la pareja.

En el Diario, ante el silencio triste de él, ella expresa amor con "palabras esparadrapo" cuando dice: "te trato con mucho respeto y mucho amor; cuídate".

Tácticas de silencio de Él

El silencio de él, en "Cerveza derramada", está rodeado de gestos de poder (ojos entornados, comisura de la boca levantada, quedarse quieto y vigilante) y seguido de palabras ofensivas, que hacen explícito el desprecio: *"joder, qué imbécil, mujer tenías que ser".*

El silencio impuesto por las flores que él envía en "Dos mundos diferentes", cambia por completo el significado y el foco de la conversación.

Silencios combinados

En la conversación telefónica, el silencio final de ella induce a creer que se somete o que no insiste más para no agravar la situación.

En el caso flores sin mensaje, el silencio de Él es manipulador, el de ella respetuoso.

En Diario de Ella, ante el silencio triste de él (¿Él se hace la víctima?), ella manifiesta respeto.

Por lo tanto, generalizando la observación, se puede decir que también se dan dos tipos de silencio y tácticas en torno al silencio muy diferentes. El de Ella es de complacencia o de defensa, silencio "de arreglo"; el de Él, devastador, de desprecio, de manipulación, de dominio.

Ninguno de los dos silencios es bello. El de Ella tiende a sanar o a no agrandar el daño, pero es de sumisión: ratifica la diferencia. El de Él es directamente basura gestual que acompaña la verbal y hiere, contrario al amor.

Tácticas generales del varón

La lista de tácticas machistas de él se repite en todos los ejemplos de la muestra. Según el recuento presentado, el varón: utiliza desprecios de palabra y gesto, insulta, ataca, dice obscenidades, tergiversa los significados, niega, adjudica mala intención a la mujer, define y avasalla el espacio íntimo de ella, grita, se enfada, taquea, se queja, le echa la culpa a ella de su enfado, tristeza o mal humor, evalúa y devalúa a la mujer, se hace la víctima (dice "me maltratas", cuando ha sido él el que la ha insultado, devaluado o juzgado), exagera, generaliza, se muestra triste (¿se pone de víctima también con esa tristeza que muestra como impotencia, cuando asedia, insulta y manipula?), ofrece pero se queja de su propia oferta (¿se pone de salvador, guarda su imagen, como con las flores?), minimiza el daño causado, expresa que quiere ser superior, no cumple su pacto, etc.

Entre las tácticas *blandas*, camela, dice palabras de amor, manda flores, hace bromas, se muestra educado, responde a las preguntas y peticiones (invitación a reflexionar) y muestra dolor y pena (que a ella la ablandan).

En general, todas las tácticas del hombre refuerzan el control sobre la mujer y la debilitan, ya sea devaluando, desorientando, forcejeando, agrediendo, tergiversando, tomando por sorpresa a la mujer u ofreciendo flores y frases de cariño, que no cuadran (como, *"querida, quiero darte gusto en todo; besos de tu machista"*), que predisponen al acercamiento, a pesar del deterioro de la relación.

Tácticas generales de la mujer

Las tácticas de la mujer incluyen muchas respuestas de conformidad a la violencia verbal del hombre, tales como callar, aceptar, agasajar, no reaccionar (pasar por alto), servir, limpiar, etc.

Las mujeres de la muestra presentan tácticas positivas, como utilizar buenos modales, manifestar respeto y cariño, hacer propuestas, insistir, reenfocar, mostrar optimismo y esperanza, escuchar, reformular, actuar con cortesía, reparar, cuidar, expresar comprensión, expresar amor y respeto, etc.

También muestran tácticas *blandas*, como entristecerse, callar, aceptar flores, no dar importancia.

En caso de no encontrar salida a la violencia, puntualmente, la mujer recurre a defenderse utilizando, también ella, basura verbal o llora (Diario, martes y lunes respectivamente).

Como táctica de auto-refuerzo personal, la mujer utiliza tácticas positivas, como reflexionar, centrarse en sí misma, leer libros de autoayuda, apoyarse en sus amigas y (tal vez ocasionalmente) pedir ayuda.

Creencias

Las creencias son estructuras mentales basadas en la realidad cultural que sustenta nuestras relaciones y cada uno las vive y asimila según el modelo de persona que el entorno le exige ser. Actúan sustentando los valores superiores que cada uno tiene y que, por lo tanto, rigen la vida de las personas y condicionan nuestra manera de actuar (Lagarde, 2000).

Las creencias tienen su origen en la socialización de niños y niñas. Cuando los niños crecen creyendo que son seres superiores y las niñas crecen creyendo que son seres al servicio de los otros, se fortalecen en cada uno los valores que nos llevan a actuar según esos modelos sancionados por la sociedad, especialmente por los padres. Una vez adquirido el modelo, la creencia actúa como base de todas las interacciones con los demás y con uno mismo. Esa interiorización convierte el modelo en incuestionable y lo hace parecer "natural", por su arraigo y su generalización. Esa creencia de superioridad del hombre, lejos de ser natural, es una construcción social del patriarcado que el varón ejerce con toda tranquilidad porque "siempre ha sido así" y llega a dar por natural. Pero lo que demuestra ser es una construcción muy conveniente para el mantenimiento del poder del hombre y el sostenimiento de sus prerrogativas machistas. Se trata, pues, de un sistema que crea y mantiene las tácticas necesarias para su sostenimiento estructural: un perfecto sistema de retroalimentación que alimenta la estrategia de control para demostrar superioridad.

Tal como vemos en el cuadro de creencias (6. Creencia de superioridad masculina), en la muestra analizada, el hombre muestra la creencia básica de que es superior a la mujer y, en consecuencia, ejerce esa creencia como valor básico que rige su vida y la actúa con toda naturalidad. En la muestra vemos que la mujer de "cerveza derramada" (5. Anécdota en un bar: Cerveza derramada) responde dócilmente a la creencia de él recogiendo la cerveza y sirviéndole otra sin protestar. En el resto de la muestra, la mujer protesta, pero no por ello consigue desmontar la creencia del varón. Al revés, consigue que él exija sumisión con toda una serie de tácticas manipuladoras añadidas, tanto orales como gestuales, blandas (mandar flores, hacer bromas) y duras (gritar, taquear), que refuerzan su creencia y su estatus superior auto-arrogado.

La creencia es tan poderosa que no sólo fortalece al que la tiene (el hombre cree que es superior), sino que pasa a la mente de los otros, en este caso, la mujer, que muestra dócilmente creer que tiene que servir (en cerveza derramada) o creer que debe callar o luchar por su espacio vital y su igualdad (resto de la muestra).

Tácticas dinámicas y registros

El análisis de tácticas dinámicas y registros utilizados por Él y Ella muestra también la existencia de mundos, contextos, puntos de partida y creencias básicas completamente diferentes en el varón y la mujer. Por ejemplo, cuando hay burla por parte de él hay, de entrada, una cerrazón a comprender o a tomar en serio el tema: precisamente por eso se utiliza la burla. Pero Ella, entrando en su registro de seriedad, trata de dar o pedir explicaciones que, dado el registro dual, son desoídas. La única táctica que "funcionaría" con una burla sería entrar en el registro de él y, desde ahí, o bien esquivarla o bien usar la misma táctica y burlarse. Pero Ella no entra en ese registro. Lo mismo puede decirse de los demás registros observados en la muestra.

Pero, lo que se puede deducir de este cambio de registros no refleja sólo de diferencias de dinámica básicas, sino que también se deducen posiciones globales frente a la comunicación que son contradictorias. Se deduce que el varón no desea comunicar, sino imponerse. Su comunicación se reduce a demostrar que es superior y la mujer, si actuase en consonancia, debería mostrar sometimiento. En cambio la mujer está constantemente intentando ejercer el acto comunicativo (quiere saber, quiere compartir, quiere comprender, quiere explicar, quiere colaborar, etc.) y, en consecuencia, intenta suscitar en el varón la comprensión, la reflexión, el compartir. Pero no lo consigue. Al final termina sometiéndose. Por eso los registros cambian constantemente. Es decir: las diferencias de registro no son simples estilos formales de comunicación sino que se convierten en estrategia de acercamiento (en la mujer) frente al ejercicio del poder (en el hombre) y reflejan también la patente dualidad estructural, incompatible con el acto comunicativo sano: Él desea dominar; Ella desea compartir, entender y ser entendida.

Refuerzo del machismo

Este estudio es reducido y parcial, tan sólo un muestreo; por esa razón y porque no se analizan las relaciones causa-efecto en las intervenciones, que no siempre son evidentes, no es posible aventurar hipótesis concluyentes. Sin embargo, en algunos casos se observa la relación directa de causa-efecto, como, por ejemplo cuando ella llora en el diario o cuando se somete y le sirve a él otra cerveza. Vista esta tendencia, propongo que las tácticas de conformidad y aceptación de la mujer refuerzan la profusión agresiva, la violencia y el abuso o basura verbal machista del varón. En mi opinión, todas las reacciones defensivas de la mujer expuesta a la basura verbal de su pareja (razonar, reformular, callar, defenderse, verter basura verbal por agobio…), también contribuyen a reforzar la acción machista violenta, ya que ella, al final, se compadece y cede; estas actuaciones de la mujer refuerzan también, por hábito, repetición y agotamiento, la propia sumisión de ella. Y también refuerzan la percepción de sumisión de la mujer que tiene el varón, pues ella acaba haciendo lo que él espera. Propongo por tanto que la eventual sumisión de la mujer actúa siempre de refuerzo de la prepotencia desplegada por el varón, porque ese refuerzo constante contribuye a mantener al varón en su costumbre y su creencia.

Según lo observado, sería preciso desmontar el paradigma del patriarcado para situar la comunicación en un espacio entre personas equivalentes. Ante la ingente tarea que eso significa, es posible (como paliativo) realizar acciones de prevención en las mujeres para concienciarnos sobre comportamientos que atraen y refuerzan la basura verbal de ellos; y, así, al menos, evitarlos en nosotras.

Pero incluso eso es difícil, ya que la dinámica de la propia muestra lleva a pensar que por mucho que la mujer utilice tácticas positivas, el varón las utiliza contra ella, sea pasándolas por alto, sea porque él le supone a ella segundas malas intenciones *("para hacerme sufrir" "es inadmisible que me controles así")*, sea por agotamiento de ella, sea por lo que ella entiende como "amor", sea por inercia.

Las tácticas de autoprotección que ella utiliza también son objeto de devaluación y ataque. Por ejemplo, en el Diario Ella quiere refugiarse en su intuición, pero Él devalúa esa cualidad. Ella quiere ir a psicólogo, pero él se burla.

No obstante, con Bonino, me uno a la idea de que posiblemente los varones no necesiten refuerzo. Es posible que la impronta machista cultural dentro del paradigma patriarcal prevalente les impela a tomar el control y a mantener los privilegios adquiridos "de facto", sin necesidad refuerzo externo alguno (Bonino, 1999 y 2004 a y b).

Para qué verter basura verbal

El abuso verbal en toda su extensión, las palabras que hieren, son actos de violencia. El silencio y los gestos que hieren también son violencia. Como toda violencia, son un intento de controlar al otro para demostrar quién tiene el poder y ejercerlo de hecho. Son desechos de la comunicación, la ensucian, la vuelven tóxica, son basura.

A pesar de su gravedad, en las relaciones entre seres humanos, específicamente, en las relaciones de pareja, la basura verbal es, tal vez, la táctica más leve que aplica el hombre para demostrar a la mujer que él es superior.

La basura verbal de esta muestra va acompañada de toda una cohorte de comportamientos que refuerzan en el varón su sensación de poderío y debilitan a la mujer. Además, se observa que la basura verbal vertida está directamente implicada en el contexto de la relación, lo impregna todo, hasta la interacción más inocua. Se puede concluir que la basura verbal es estructural, una manifestación de una estrategia de control, y que, lejos de ser natural, es aprendida en el ejercicio constante de tácticas: vertidos basura, mensajes hirientes, actitudes y gestos.

Como se ha visto, el hombre despliega gran cantidad de tácticas para provocar el sometimiento de la mujer, acordes con su percepción de la inferioridad de ella. Cuando ella no ofrece resistencia activa (por ejemplo se defiende o pregunta), lo que la mujer hace es mostrar aceptación ya porque calla, obedece, o le complace (por ejemplo, recogiendo la cerveza derramada y llevándole otra caña a la mesa; como podría haber sido, quitando importancia al incidente, riendo, regañando a los niños o pidiendo perdón). Al final, parece que la basura verbal y todos los refuerzos machistas concomitantes tienen siempre el efecto de someter a la mujer.

La aceptación inicial del mensaje hiriente o basura por parte de la mujer corta en el hombre el acto violento, puesto que su creencia de superioridad ha quedado demostrada. Pero cualquier manifestación de la mujer que pueda ser interpretada por el varón como algo diferente del sometimiento conduce al sostenimiento de la violencia, cambiando o alternando diferentes tácticas violentas. Incluso ante las actuaciones comunicativas por parte de la mujer (tales como: razonar, ofrecer otras alternativas, preguntar o profundizar en el tema, etc.,) la violencia empleada por el varón crece (por ejemplo, en el Diario, el domingo, cuando él responde con tacos y groserías a la petición de espacio de ella).

De hecho, la violencia puede crecer hasta el límite máximo. Es decir, los varones menos "civilizados" llegarán a la anulación total de la mujer (hasta el asesinato, como leemos en la prensa todas las semanas del año)[*]. En parejas menos incívicas o varones más contenidos, lo normal será llegar a la ruptura de la pareja; pero también cabe prever que la violencia crezca, tanto si la pareja llega a separarse como si no.

Generalizando la reflexión, podemos decir que los mensajes hirientes son abuso verbal, basura, con todos sus elementos y tácticas machistas, una forma de violencia normalizada, que corta las vías de comunicación en la pareja y desestabiliza a la mujer, que puede llegar a ser grave, a pesar de que socialmente pasa desapercibida. También se observa que es algo profundo, arraigado, que conforma la estructura de la relación de pareja.

Resumiendo, los hombres (consciente o inconscientemente) utilizan la basura verbal con el fin de:

- Perpetuar su estatus de poder
- Demostrar que ese estatus adquirido es consustancial al hecho de ser varón, jefe de la relación, macho dominante
- Mantener a la mujer a su servicio o al menos bajo su dominio, íntimamente convencida de que esa prorrogativa de poder de él es natural, por tanto, es también natural que ella se doblegue y se sienta culpable si no se doblega, por contravenir las leyes de la naturaleza,
- Conservar, aumentar y perpetuar los privilegios del varón,
- Perpetuar el estado de servicio e inferioridad de la mujer.

Irracionalidades, contradicciones

El abuso verbal es sólo el primer nivel de violencia. El varón lo ejerce con el fin de doblegar la voluntad y el ser íntimo de las mujeres desde el principio. Por estar plenamente aceptado socialmente, la mayor parte de las veces, esta forma de violencia se mantiene en el acerbo de los comportamientos sociales privados y públicos como si fuese normal, incluso como si fuese compatible con el amor y el respeto. Pero no lo es. La violencia del varón para

---

[*] *El entrecomillado en "civilizados" es un cuestionamiento crítico personal respecto a dar el nombre de civilización al hecho de unas relaciones basadas en la desigualdad manifiesta entre hombres y mujeres, frente al derecho a las relaciones igualitarias, que serían lo verdaderamente humanitario y civilizado, pero ¡qué lejos están!.*

potenciar y mantener la desigualdad es irracional, antinatural e injusta, por ser auto-arrogada y porque conserva un desequilibrio destructivo en las relaciones entre hombres y mujeres. El varón, al usar mensajes hirientes a diario, prescinde de la razón, cualidad humana por excelencia, a cambio de conservar sus privilegios.

La basura verbal defensiva, utilizada por la mujer, también nos ensucia, es tóxica. Pero no tiene la misma categoría que la ofensiva, utilizada por el hombre, por muchas razones. Primero, porque se trata de una táctica de defensa contra la agresión; segundo porque es esporádica, una reacción puntual (por ejemplo por agobio); tercero porque no va reforzada ni seguida ni rodeada por ninguna otra táctica que pueda conducir a pensar en estrategia organizada.

Algunos (machistas) explican la superioridad del macho humano comparándolo con el comportamiento de los machos de otras especies animales (Web 6). Está claro que, atribuyendo falazmente su superioridad a la naturaleza, el varón se autodefine, consigue manejar sus expectativas sobre "su hembra" y controla todas las actuaciones de ellas (y de los niños y de los machos no dominantes de su entorno) para su comodidad, para mantener por la fuerza su privilegiado estatus de dominio y consiguiente estado de confort (Bonino, 2003) y hace todo eso "porque —dice— es lo natural"; como los animales. Pero, no olvidemos que los seres humanos regimos nuestra vida, supuestamente, por la razón. No olvidemos que, a diferencia de otros animales, el macho humano ataca a las hembras de su propia especie y específicamente a su pareja. Recordemos que en especies que guardan fidelidad (como gansos, cigüeñas, lobos), no se da nunca el caso de que el macho ataque a su pareja (Web 7, Web 9). En todas las especies animales, la violencia del macho está ligada a la reproducción y la perpetuación de la especie: una forma suprema de ejercicio de vida espontáneo en la naturaleza. Entre los seres humanos, ni siquiera existe el período anual de celo. Además, la violencia analizada en esta muestra es cotidiana está desligada de todo vestigio de naturaleza; tan sólo muestra la arrogancia del poder en el día a día, no el respeto a la vida. Por todo esto, la violencia machista no puede estar ligada a la naturaleza. Es irracional. Es contradictoria.

Heridas

Cabe pensar que las consecuencias de la basura verbal sean las que Bonino propone para lo que él llama micromachismos. Entre ellas Bonino enumera una serie de consecuencias destructivas para la mujer: *"tontificación, desestabilización, fatiga crónica, impotencia"*; para el hombre: *"desconfianza, incomprensión, aislamiento, recelo, inseguridad"*; y para la pareja: *"perpetuación de desequilibrio en la relación, mantenimiento de situaciones que él desea, tristeza en la relación, pérdida del vínculo"* (Bonino, 2003, pp. 4-5). Por eso, se puede decir que a pesar de que los varones pretenden controlar y de hecho lo logran, en un plano profundo sin embargo, lo que realmente consiguen es desestabilizar y causar hondas heridas a la mujer, a sí mismos, a la pareja y a la sociedad.

A la larga, toda la sociedad paga las consecuencias. Si las parejas "normales" tienden a relacionarse entre el abuso y la basura verbal con mensajes hirientes, es difícil que logremos un mundo más solidario e igualitario.

Intencionalidad, consciencia y bondad

Ante lo observado, nos golpea la pregunta de si las tácticas de abuso verbal utilizadas en la relación de la pareja son intencionales o no, si se trata de actos conscientes o inconscientes; tema ya planteado en la introducción (Justificación).

A pesar de la finalidad evidente de esta forma de violencia contra la mujer, de la violencia de cualquier tipo, que no puede ser otra que el control emocional y el sometimiento, a partir de esta muestra no puede saberse si el varón es siempre consciente de que la utiliza ni del daño que causa (por ejemplo, esa tristeza de él cuando ella se va, en el primer día del Diario, podría ser auténtica pena y no hacerse el víctima). Pero esta afirmación contradictoria requeriría un estudio profundo que, por lo que sé, todavía no ha sido abordado por los investigadores. Yo creo necesario realizar ese estudio de intenciones; considero, sin embargo, que es difícil, ya que la intención no es algo que pueda percibirse directamente y los varones, según todos los estudios consultados, no manifiestan sus intenciones explícitamente.[3]

---

[3] *A la finalización de este estudio (junio 2009), acaba de publicarse un documental titulado "Por nada", realizado por la antropóloga Mercedes Fernández Martorell, de la Universidad de Barcelona quien, a base de entrevistas a maltratadores sentenciados, trata de indagar precisamente en este tema de la intención. Las manifestaciones de los varones entrevistados llevan a la autora a concluir que su intención está vacía y que lo que expresan son justificaciones de sus actos violentos y no razones ni intenciones.*
http://www.rtve.es/mediateca/audios/20090519/por-nada-manana-vivo/508208.shtml

http://www.levante-emv.com/secciones/noticia.jsp?pRef=2009051700_9_590835__Sociedad-nada-pelicula-analiza-mente-maltratador

La normalización de la violencia forma parte de las tácticas machistas habituales (Evans, 2001). La normalización, la generalización y la costumbre inducen a pensar que es, o puede ser, inadvertida o inconsciente, porque con este proceder diario, habitual, el macho en ejercicio del control no tendría necesidad de cuestionar "su" superioridad; podría actuar así por hábito.

Aunque este estudio no puede entrar en profundidad en el análisis de intenciones, ya que nos movemos siempre en el terreno de lo conjetural −intenciones no expresadas−, sin embargo, cabe deducir algunas ideas.

En primer lugar, ya es un dato importante que todos los investigadores coincidan en la explicación de la ideología machista como sustento del comportamiento del varón (Ewans, Bonino, Herman, Hirigoyen, etc.): una cadena de actos mecánicos que alimentan la perspectiva originaria de la ideología machista de base. ¿Mecánicos significa inconscientes? Conducir un vehículo es algo bastante mecánico, pero no es inconsciente. Siendo el machismo (la arrogada superioridad del varón) una creencia cultural, arraigada, demostrable, la intencionalidad de su aplicación ¿podría resultar ser inconsciente?

Por lo que se refiere al varón, es difícil pensar que todo el despliegue de actos verbales y no verbales le pasa desapercibido a su autor. Pero, si es consciente, ¿cómo es posible que el fenómeno pase inadvertido a los varones y también a la mayoría de las mujeres?

En la mujer, por otra parte, la buena intención parece presente en todo momento ya que, en las conversaciones analizadas, en los mensajes e incluso en la anécdota del bar, la mujer despliega actitudes conciliadoras que tienden a suavizar. Cabe pensar que la mujer hace eso automáticamente, de alguna manera sin darse cuenta, por educación o entrenamiento, pero no lo puede hacer sin esfuerzo; por lo tanto, necesariamente tiene que poner voluntad y consciencia en lo que hace y dice. ¿Cómo es posible que las mujeres no reaccionen conscientemente contra semejante asedio de manera eficaz?

Para mi reflexión, por el momento, propongo suponer buena intención en ambos miembros de la pareja. Supongamos que tanto él como ella viven la situación básica de su pareja como una relación de amor. Si así fuera, el varón que utiliza violencia verbal y otras tácticas violentas concomitantes partiría de la base de que él *es*, por así decirlo, el capitán de la relación. Si él es el capitán, sus directrices no pueden ser cuestionadas. Por tanto, aun si el hombre fuera inconsciente del daño que causa a la mujer, se daría necesariamente algún grado de consciencia, salvando la mecánica del entrenamiento, en sus acciones, provocaciones y respuestas.

Pero, si parte del amor, mi especulación es que el varón tiene buenas intenciones (llevar la relación "como se debe", salvarla). Es consciente de provocar dolor e inconveniencia en la mujer, pero lo hace "por su bien"; algo así como que quiere enseñarle algo, con un fin que él considera justo y bueno, por unos medios que tiene a su alcance y que son eficaces.

En la mujer, me parece patente que la intención es buena, ya que trata de salvar no sólo el amor sino también la comunicación, la relación y a sí misma. Acepta por amor. Pero también podría aceptar por miedo, por cansancio o, tal vez, por otras gratificaciones (como: sexo, seguridad, economía, apoyo con los hijos, etc.). Parece que la inconsciencia de la mujer se refiere más bien a sí misma, al daño: si se doblega a los dictados tiránicos del varón, se pierde a sí misma; pero ella mira al amor; lo mira a Él. En la incompatibilidad de reconciliar su propia salvación y la de la relación, elige salvar la relación. Si lo pensamos, eso es lo mismo que intenta hace el varón: salvaguardando el estatus de su capitanía, salva la relación, se salva a sí mismo, salva a la mujer, protege el "orden natural de las cosas", es justo y bueno ante su conciencia.

Ante estas reflexiones, propongo un nuevo campo de consciencia para los dos machistas, hombre y mujer. Porque si esa conciencia de "que él es el capitán", que pone normalidad en sus intervenciones doblegadoras, desapareciera y se llegase a considerar en cambio normal, natural, que no hay capitán, que en la relación los dos tienen espacio anímico propio, el hombre podría dejar de batallar por el liderazgo, renunciando a demostrar quién es el jefe, pues no habría jefe, y la mujer podría encontrar su espacio propio. En mi metáfora, el capitán haría entrega voluntaria de los territorios arrebatados injustamente a su víctima. Así, los dos miembros de la pareja podrían ser compañeros de camino en una forma nueva de amor justo, ecuánime y solidario, opuesta al amor tradicional y a la cultura patriarcal dominante. Mientras eso no ocurra, cualquier intento de la mujer por tener su propio espacio será vivido por el hombre como actos de invasión a su estatus (el de Él), como insubordinación y como peligro. De ahí que ataque.

Dando la vuelta al argumento, cada varón bueno (bien intencionado), al ver el dolor que causa, pondría su consciencia y su intención en demostrar que *no* es el jefe, renunciando así a esos privilegios que da por suyos. Eso justamente lo que ya están haciendo algunas redes de hombres que trabajan por la igualdad, antes mencionadas (Web 11)

Revisión de objetivos

Las hipótesis de este estudio implicaban que se confirmarían los estudios consultados, que el asedio verbal lo iniciaría y lo llevaría a cabo siempre el más fuerte, en este caso, el varón; y que la táctica de defensa la llevaría a cabo la víctima, en este caso, la mujer. La hipótesis preveía que la mujer no utilizaría generalmente una táctica de ataque sino sólo de comunicación pero, al sufrir la desestabilización consiguiente a los ataques de él, ella se defendería con tácticas variadas (en la muestra se incluyen sugerencias, silencio, sumisión, llanto, pensamiento positivo y petición de ayuda). Dentro del mismo marco, el trabajo trataría de desvelar algunos de los elementos que se establecen en la pareja como estrategia masculina de control a la mujer, incluyendo el silencio (como forma de desprecio) entre las tácticas de control de Él y sumisión de Ella.

Globalmente considerada, creo que la hipótesis resulta probada y, por tanto, puedo decir que con mi trabajo se han cumplido las expectativas porque:

- Visibiliza el hecho de que la basura verbal forma parte del acerbo diario de la violencia en las parejas y, sustancialmente, de la acción machista sostenida como estrategia de control sobre la mujer.

- Contribuye a señalar que el varón provoca la mayor parte de los contenidos basura como elemento de control sobre la mujer.

- Muestra que la mujer a veces se defiende de la basura verbal con basura verbal, pero que la mayor parte de las veces, se defiende con silencio y con toda una gama de tácticas femeninas que, sin embargo, no consiguen ablandar la "actitud basura" del varón, sino más bien parecen reforzarla.

- Expone los daños morales que causa la basura verbal (esas "cicatrices devastadoras" que "perdurarán para siempre" que menciona la fábula "Clavos en la puerta" (Web 3)

- Reflexiona y propone una reflexión sobre la violencia verbal.

Faltan las propuestas de acción, que aparecen en la conclusión.

Conclusión

El amor, el respeto, la buena educación

A la vista del dolor que el abuso verbal causa, no es posible hablar objetivamente de amor, de respeto ni siquiera de buena educación. Está claro que necesitaríamos primero definir qué es el amor. Pero si, sin entrar aquí en profundidades, acordáramos, por ejemplo, que amor es un acto consciente y mutuo que incluye decisión a dúo de compartir la vida, responsabilidad por el bienestar espiritual propio y del otro y respeto de la equivalencia (Fromm, 2003), en esa definición no caben el abuso y la basura verbal, ni siquiera por error, inconsciencia o ignorancia, como no cabe ningún otro tipo de violencia. A la vista de cuál es la realidad de la (in)comunicación este estudio concluye, sin embargo, con más preguntas que respuestas.

Propuestas de investigación

Se requieren, a mi juicio, observaciones que confirmen los datos de este estudio en contextos variados.

Se revela como necesario realizar más estudios de investigación sobre la consciencia masculina del ejercicio del machismo cotidiano en general y de la basura verbal en particular. Es necesario preguntarse, por ejemplo:

¿Los varones despliegan sus tácticas aprendidas por costumbre y ejercicio de forma inconsciente o son capaces de organizar la manipulación y el debilitamiento anímico de la mujer de forma consciente y planificada? Si fuera inconsciente, al menos en los varones supuestamente justos y bien intencionados, viendo que, al parecer, las tácticas femeninas sólo consiguen reforzar su violencia, ¿existe algún modo de que se conciencien ellos para promover un cambio voluntario en la estructura de su ideología machista? Si la estrategia del varón fuera consciente, ¿sería posible establecer acciones sociales correctoras (educación, rehabilitación, por ejemplo) que le hicieran ver que no está siendo justo?

Es necesario investigar también si las tácticas femeninas refuerzan el machismo de ellos (el poder) y el de ellas (la sumisión y el miedo). Mis conclusiones apuntan a que la sumisión de la mujer tras la batalla por no someterse, refuerza aún más el poderío del varón, y su sometimiento también lo refuerza. Tanto las tácticas positivas como las *blandas* y las de reacción parecen volverse en contra de la mujer, pero no sabemos la causa ¿Es posible que las mujeres salgan de la sumisión sin renunciar a relacionarse en pareja con los hombres? ¿Qué comportamiento de ellas conduciría al cambio de patrón en las relaciones de co-dependencia machista?

Creo que también es necesario realizar muchos más trabajos de investigación sobre las heridas que estos ejercicios de machismo causan en las víctimas. Si las mujeres, y todos los implicados en la formación de las mujeres como personas (educadores, padres, médicos, instituciones sociales y de justicia, prensa, medios, escritores, transmisores de la cultura en general) supiesen de las graves heridas del corazón de la mujer, tal vez el respeto de las personas honradas, personas que buscan la justicia por ética personal, ayudase a cambiar los patrones de relación desde la infancia, desde la base.

Estaría bien también investigar a fondo las heridas que el machismo causa en el propio varón que lo ejerce.

Sería importante encontrar un nombre común para el fenómeno estudiado.

En conjunto, sería útil contar con muchos más estudios pormenorizados sobre machismo en todos los campos, especialmente en el terreno subjetivo de las relaciones interpersonales privadas y desde el feminismo, de manera que así pudiéramos entender el empoderamiento (empowerment♥ ; Web 10; Web 12), de las mujeres como una necesidad y se abordasen colectivamente las buenas prácticas educativas, con acciones de desenmascaramiento de las tácticas machistas, cosa que nos permitiría empezar a ejercer la acción positiva en cada sector de la vida y en cada ocasión.

Mientras la sociedad estudia y aprende, me permito sugerir algunas tareas de cambio para que las pongamos en práctica las mujeres.

♥ *El término "empoderamiento", traducido de ""empowerment" significa "retomar la fuerza", Judith Lewis Herman (1997) en "Trauma and Recovery" explica que "empowerment" es la acción de recuperación de control y poder sobre la propia vida de las personas que han perdido ese poder (han sido "disempowered") por acción del abuso o el trauma. En nuestro contexto, las mujeres son "disempowered" por los malos tratos continuados que les ha infligido su maltratador, pero también carecen de poder por el hecho de ser sometidas al hombre en acciones machistas cotidianas. Herman sugiere que la recuperación del propio poder (empowerment) sólo es posible a través del restablecimiento de la confianza en las personas en un entorno de seguridad.*

Propuestas de acción más bellas que el silencio

Yo llamo bello al silencio que no es silencio, por ejemplo, en la naturaleza, al canto de los pájaros, al rumor del agua o al vaivén de las olas en la playa; y, en las relaciones humanas, al que se crea en una sala de estudio, en una biblioteca, al instante en que termina la música en una iglesia (donde no suelen permitirse los aplausos) o a la maravilla de comprender con un guiño una frase cómplice. Fuera de ejemplos como éstos, el silencio es grave. Decir que el silencio es bello implica ignorar que hay silencios basura, que hieren y destruyen. Y si consideramos silencio sólo aquel silencio que esconde algo, por ejemplo, que sirve para guardar un secreto o para esconder una injusticia o para no agrandar más la basura, tampoco puede decirse que sea demasiado bello.

En sustitución del silencio, me gustaría mencionar otro tipo de acciones que, a mi entender, podrían ayudar a romper la contaminación generalizada que causa la basura verbal. Para el cambio de conciencia de los hombres, recomiendo acciones conscientes y solidarias como las que realizan las redes de hombres igualitarios, con propuestas de igualdad y reflexión sobre las claves del machismo, el sexismo y toda la serie de males de la sociedad patriarcal, con vistas al cambio. Dejo a los profeministas las sugerencias para el cambio de ellos (Web 11*).* Para las mujeres, sugiero algunas actuaciones que nos ayudarían a fortalecernos y a detener la basura, y son: Cambiar los pensamientos, Empoderamiento, Educación y Acción positiva.

Cambiar los pensamientos

Las mujeres estamos educadas en unas cuantas creencias fantásticas, que no resisten el análisis más barato de la realidad. Sin embargo, vivimos de ellas. Creemos en el amor, que el amor todo lo puede. Creemos que el hombre que nos ame nos va a despertar, como a Blanca Nieves o a la Bella Durmiente; creemos que podemos cambiarlo, despertarlo a él: sacar el príncipe del sapo con un beso, convertir a la Bestia; creemos que, si nos adula, es porque nos valora y que si nos valora, nos ama; creemos que si nos ofende, es porque se equivoca y debemos comprender, perdonar, disimular, tratar de hacerle feliz; creemos que podemos hacer feliz a nuestro hombre con nuestra entrega; creemos que estamos obligadas a ceder, a mantener la paz, a aceptar, a cuidar… etcétera.

En realidad, nada de esto es real, son construcciones sociales, valores que la cultura nos ha transmitido y, por eso, los ponemos en juego y defendemos la relación y el amor (nuestra idea de amor) antes que ponernos a salvo. Peor. Como estamos educadas en el machismo, respondemos a un patrón de sumisión desde la cuna, y si nos rebelamos, la conciencia no nos deja en paz. Tampoco la sociedad nos deja tranquilas, porque, a pesar de los avances sociales (avances sólo de algunos países occidentales) que nos permiten cierta libertad y, de palabra y ley, nos garantizan la igualdad, todos los días nos decimos interiormente cosas como: *Mi marido me trata mal, pero es muy bueno", "Los hombres, ya se sabe", "Más vale sola que mal acompañada", "No puede ser que no me quiera, porque me ha elegido a mí"*, etc.

Mi propuesta es: abramos los ojos, miremos la realidad. Cambiemos nuestros pensamientos, repitamos una y otra vez la verdad hasta que nos cale el alma. Cambiemos las directrices que nos dieron. Pensemos que, si las creencias de los hombres han pasado al corazón de las mujeres convirtiéndose en valores históricos que las mujeres han adoptado como propios (por ejemplo, la sumisión), desde un posicionamiento optimista, bien podría ocurrir que nuestras creencias de igualdad terminarán pasando al corazón de los hombres convirtiéndose a su vez en valores.

En todo caso, las mujeres debemos entrenarnos; digamos todos los días cosas como:

"Mejor libre que mal acompañada"

"Si me grita, si me insulta, si no me escucha, si me trata mal…, no me ama"

"Si me manipula para conseguir su gusto, no me quiere"

"Si no me escucha, si no quiere razonar conmigo, si me mangonea, si me ataca, no es bueno"

"Si hay dolor, no hay amor ni bondad"

Empoderamiento

El empoderamiento implica hablar, prepararnos para ejercer el poder como mujeres, sencillamente ocupando el espacio vital que nos corresponde, buscando los valores de la democracia, la equivalencia, la equidad, potenciando los valores sociales femeninos; trabajar las emociones, la autoestima, la intuición y el saber en todos los campos. Cambiemos las creencias, Dejemos de creer que tenemos que luchar. Ejerzamos de iguales sin discutir si lo somos. Somos iguales, equivalentes, valiosas.

Educación

La educación se refiere a aprendizaje; potenciar en la sociedad valores femeninos que sustituyan los patriarcales y/o complementen los valores humanos en todos los contextos, desde la escuela a la familia, la prensa, los medios, la salud, el trabajo, etc.

Acción positiva

La acción positiva se refiere a tres tácticas, inspiradas en las tácticas del budismo para el camino de la felicidad (Ricard, 2007):

1) *Darse cuenta*, poner de manifiesto todas las actuaciones de machismo.

2) *Trabajar el polo contrario* a lo que se pretende sin actuación de complacencia alguna (por ejemplo, desobedecer, no aceptar ofensas, no responder con sumisión), pero hacer todo con soltura, sin ira, tranquilamente, como lo más natural.

3) *Trabajar la parte positiva* que puedan tener las emociones negativas que nos suscite la presencia de la basura verbal (por ejemplo, si es ira, aprovechar la fuerza; si es tristeza, aprovechar la calma; si es hastío, aprovechar el impulso al alejamiento).

Síntesis final y coda

El enfoque feminista de este trabajo ofrece una lente de enfoque que descarta de entrada la existencia de igualdad real entre los miembros de la pareja, pero la busca. El enfoque tradicional, que presupone una igualdad ya lograda, reconociendo sólo pequeñas "diferencias" que son casi folclore, no permite ver la desigualdad. Cuando no existe un enfoque de género, puede ocurrir que se acepten mitos que distorsionan por la realidad (por ejemplo: *las mujeres hablan mucho y no escuchan*) o que se entienda la diferencia comunicativa entre hombres y mujeres como una mera cuestión de estilos (combate de Marte y Venus de Gray) o como una construcción social (Lakoff).

El enfoque feminista, en cambio, abre un abanico de posibilidades nuevo que ayuda a ver la realidad de forma diferente, pone de manifiesto la estructura y permite nuevas interpretaciones que pueden ayudarnos a cambiar la propia raíz de la comunicación.

El doble análisis –cualitativo y cualitativo– nos permite comprender la comunicación de las parejas de la muestra de forma holística, utilizando nuestra inteligencia en sus facetas racional, intuitiva, emocional y social. Racional, porque clasifica los elementos por categorías coherentes; intuitiva porque integra los elementos racionales de forma comprehensiva y contextualizada; emocional porque podemos captar las profundas heridas que la comunicación desigual causa a los implicados; social porque nos permite calibrar los daños que una comunicación desigual inflige a toda la sociedad.

El enfoque cualitativo del análisis de la muestra tiene sus limitaciones. Per se, un análisis cualitativo es inacabable; establece la posibilidad de entrever el entramado, la dinámica de la comunicación y sus consecuencias, pero no permite abarcar todas sus implicaciones. Además, todo intento de categorización cualitativa tiene necesariamente un cierto grado de subjetividad: lo que yo catalogo de un modo, otro investigador podría catalogarlo de otro modo (por ejemplo, las categorías de abuso verbal de Evans 1992).

El análisis cuantitativo, tradicionalmente tenido por más objetivo que el cualitativo, no permite a mi juicio tampoco una verdadera objetividad. Entre otras cosas, porque el mero hecho de aislar variables es de por sí artificial, ya que descontextualiza los datos.

Además, este trabajo se refiere sólo a una pequeña muestra de actos comunicativos.

Un problema añadido es la falta de consenso en el nombre del fenómeno estudiado (abuso verbal, basura verbal, mensajes que hieren, relaciones hacia atrás, relaciones de control, conexiones equivocadas, micromachismos…, etc.). Así pues, aceptando las limitaciones del método utilizado, las de otros investigadores y las mías propias, las conclusiones hay que tomarlas como parciales, transitorias y referidas solamente a lo expuesto en este trabajo.

No obstante lo dicho, el estudio muestra tendencias y modos de actuar que son generalizables. No sólo ratificamos la existencia de la desigualdad sino también cómo la dominación se produce con tácticas organizadas por parte del varón y respaldadas por las tácticas que utiliza la mujer (co-dependencia machista).

La muestra analizada refleja también meta-estructuras superiores, que sustentan la sociedad androcéntrica; y pone de manifiesto cómo hombres y mujeres usan esas estructuras de manera diferente.

Puede inferirse de este trabajo que los participantes en los actos comunicativos están atrapados en unas formas sociales de comunicación que son impuestas por la educación y los principios de una ideología dominante. Esto plantea, a mi modo de ver, un signo de interrogación ante la aseveración de Hirigoyen sobre la perversidad absoluta del varón dominador. Porque entiendo que podría ocurrir que, debido a esos patrones sociales y a su uso mecanizado, los propios usuarios de la comunicación dominadora no sean totalmente conscientes a) de sus actos de dominación, b) de sus intenciones perversas, c) de los efectos de la dominación y d) de lo contraria a natura que es la violencia.

Por tanto, este estudio termina con muchas preguntas que se refieren sobre todo a la necesidad de investigar en profundidad la comunicación de la pareja con muchas más muestras. Y sobre todo estudios que aclaren la intencionalidad y la consciencia.

No obstante las limitaciones, gracias al grado de comprensión que éste y otros estudios nos ofrecen, es posible emprender acciones concretas. Por un lado, los varones bienintencionados tienen ahora la oportunidad de cuestionar sus creencias básicas y cambiar. Por otro, las mujeres podemos y debemos trabajar para cambiar los patrones de comunicación (al menos aprender a no reforzar el machismo de los varones) y podemos cambiar nuestro propio estado interior con vistas a lograr estabilidad emocional y curar las heridas ancestrales que acarreamos como fardos.

Emprender este tipo de acciones será sin duda más bello que el silencio

Bibliografía

- Badano, J. y López, J. (2002), "Patrones socioculturales de violencia en la comunidad educativa", Facultad de Psicología y Psicopedagogía, Universidad del Salvador. En **Psicología y Psicopedagogía,** Publicación virtual de la Facultad de Psicología y Psicopedagogía de la USAL. Año I, Nº 11 - Septiembre 2002. denise@flex.uh.cu
- Evans, P. (1992)."The Verbally Abusive Relationship, how to recognize it and how to respond". Massachussets: Adams Media.
- Evans, P. (2001)."Controlling People: How to recognize, Understand, and Deal with People Who Try to Control You". Massachussets: Adams Media
- Fromm, E. (ed. 2003) "El arte de amar". Paidós: Barcelona. Y *http://www.librosgratisweb.com/html/fromm-erich/el-arte-de-amar/index.htm*
- Gray, J. (2009) "Why Mars & Venus Collide". New York: Harper.
- Herman, J. Lewis (1997) "Trauma and Recovery". London: Pandora.
- Hirigoyen, M. (1999). "El acoso moral: el maltrato en la vida cotidiana". Paidós: Barcelona
- Lagarde de los Ríos, M. (2000). "Claves feministas para la autoestima de las mujeres". Horas y horas: Madrid.
- Lakoff, G. "Women, fire and dangerous things: what categories reveal about the mind". The University of Chicago Press: Chicago-London, 1987
- Martín Rojo, L. (1995) *"Lenguaje y género. Descripción y explicación de la diferencia"*, en **Signos, teoría y práctica de la educación** - nº 16 - octubre - diciembre 1995 - issn: 1131-8600
- Ocampo, D. (2001) *"El insulto como acto de habla expresivo: un intento fervoroso aunque aún no preciso"* Departamento de Lengua y Literatura Inglesas, Facultad de Lenguas Extranjeras, Universidad de la Habana. *http://www.uh.cu/facultades/flex/insultos.pdf*
- Pérez del Campo, A.M. (1995) "Una cuestión incomprendida: el maltrato a la mujer". Horas y horas: Madrid
- Ricard, M. (2006) "Happiness, a Guide to Developing Life's Most Important Skill". Atlantic Books: London.
- Sanfélix Vidarte V. (2006). *"Palabra Y Silencio. Reflexiones Sobre La violencia Y El Lenguaje"*, en **THÉMATA. Revista De Filosofía**. Núm. 37, 2006. Universidad de Valencia.

Cibergrafía

(Consultada en los meses de septiembre de 2008 a abril de 2009)

- Web 1: *http://es.answers.yahoo.com/question/index?qid=20080222133009AAjDu2B*
- Web 2: *http://elvaledor.com.mx/index.php/2005/08/page/2/?p=348*
- Web 3: *http://www.gobiernodecanarias.org/educacion/udg/ord/documentos/programaico/Tutoriasyalumnado/Clavosenlapuerta.pdf?categoria=2602*
- Web 4: *http://www.malostratos.org/cindoc/072%20cindoc%20estad.htm*
- Web 5: TE. *http://www.telefonodelaesperanza.org/*
- Web 6: Charlotte Uhlenbroek *http://www.kaosenlared.net/noticia/macho-alfa*
- Web 7: Animales venenosos *http://es.beekeeping.wikia.com/wiki/Animales_venenosos*
- Web 8: *http://www.4women.gov/violence/types/emotional.cfm*
- Web 9: *http://www.proyectosalonhogar.com/Zoologia/Records_mundiales.htm*
- Web 10: (*http://equal.uji.es/clausura/ponencia_sanjose.pdf*)
- Web 11: profeminismo: *http://www.hombresigualdad.com/opre-profe-lvidal.htm* *http://www.hombresigualdad.com/default.htm* *http://www.boletin.ahige.org/* *http://heterodoxia.wordpress.com/* *http://kontracorriente.blogspot.com/* http://unaasambleadehombres.blogspot.com/
- Web 12 *http://www.mujeresenred.net/spip.php?rubrique59*
- Web 13 Suárez Villegas, J.Carlos (2008) *"Estereotipos de la mujer en la comunicación"*, en *http://www.mujeresenred.net/IMG/pdf/estereotipos.pdf*
- Web 14 Luis Bonino: *http://www.luisbonino.com/pdf/Los%20Micromachismos%202004.pdf*)
- Bonino, L. (2004a). "Obstáculos a la comprensión y a las intervenciones sobre violencia (masculina) contra las mujeres en las relaciones de pareja". Publicado en versión reducida en Web española de Psicología de la Violencia. http://www.sepv.org/ensayos/bonino.pdf
- Bonino, L. (2004b) "Obstáculos y resistencias masculinas al comportamiento igualitario. Una mirada provisoria a lo intrasubjetivo." Publicado en Actes Séminaire Internacional: Les Homes en changements, résistances masculines aux changements dans une perspectiva d'égalité, pp. 177-180. Toulouse, France. Univesrsité de Toulouse, Le Mirai.www.traboules.org/text/chag.pdf
- Bonino, L. (2005). "La violencia masculina en la pareja". Publicado en Cárcel de amor. Museo Nacional de Arte Reina Sofía (ed.). Madrid.
- Bonino, L. 1999) "Varones, género y salud mental: desconstruyendo la normalidad masculina". En Segarra, M. y Carabí, A , eds. (2000. Nuevas Masculinidades. Barcelona. Icaria
- Bonino, L. (2003). "Los micromachismos y sus efectos: claves para su detección" En Ruiz Jarabe P. y Blanco P., (comp. (2004). La violencia contra las mujeres, prevención y detección. Madrid. Díaz de Santos.

Índice

Marta Abadía

Nacida en Madrid, estudió las licenciaturas de Filología Inglesa en la Universidad Complutense de Madrid, Estudios de Asia Oriental en la UOC, y Bachelor of Science in Psicology en la Open University del Reino Unido, y es Master en Los Malos Tratos y La Violencia de Género por la UNED, en las especialidades de Comunicación y Educación, cuyo trabajo de investigación fue precisamente esta ponencia sobre *Basura Verbal y Violencia de Género*, presentada en la UNED el 22 de junio de 2009.

Ha trabajado como profesora y como psicóloga, y también en oficios primordiales, tales como: jardinera, cuidadora, cosedora, albañila, pintora brochafina y brochagorda, enfermera, enseñadora, niñera, limpiadora, cocinera…

Como ser social, su filosofía de vida es feminista, es decir: se esfuerza para que un día hombres y mujeres podamos relacionarnos en igualdad de derechos y en el respeto profundo a nuestras diferencias.

De todas las profesiones y oficios desempeñados, Marta Abadía elige ser escritora, poetisa y relatora. Realiza incursiones en la literatura creativa desde siempre y se identifica con la palabra y sus significados. Y porque considera la poesía –tal como defendió Caballero Bonald en su discurso a la recepción del Premio Cervantes, 2012– como una herramienta indispensable para curarnos de la razón de la sinrazón, la ejerce como remedio en todo aquello que emprende. Dijo Bonald: *"Creo honestamente en la capacidad paliativa de la poesía, en su potencia consoladora frente a los trastornos y desánimos que pueda depararnos la historia"*:¡Qué mayor desorden o enfermedad, trastorno o desánimo, de entre los que produce la historia, que los daños causados por el trato desigual a las personas, al convertir a unas en siervas o juguetes de las otras! Por eso, esta investigación, alejada de los cánones de lo cuantitativo y lo estadístico, nos presenta una visión global, cualitativa, niveladora, que va más allá en su significado de lo que las palabras dichas reflejan, asentándose en la utopía, esa "esperanza aplazada" que pueda un día curarnos de tanto mal (tema enunciado también por Caballero Bonald en su discurso).

Marta Abadía ha ganado varios certámenes literarios y premios de innovación educativa. En Octubre de 2008 consiguió el premio Altea de las Artes y Premio Novaltea de Novela con "Un mundo tan pequeño" y publicó "El canario desnudo" (Visión libros), dos novelas que versan precisamente sobre historias de malos tratos y sus terribles consecuencias para la mujer. Ha publicado también la serie de poemarios "El cuerpo en tierra está peregrinando", en tres volúmenes, "Carta al viento", "Un amar que no me salve" y "La vida en la cara" (Amazon), que revela el sufrimiento del alma y la lucha personal por la libertad de una mujer que ha sufrido malos tratos y violencia de género. En el campo de la innovación educativa, ganó los premios: Francisco Giner de los Ríos del MEC de España en 1993 y los premios Galileo de Investigación 1992, 1994 y 1995.

Marta Abadía es el nombre literario de su inspiración.

La persona que hay detrás actualmente sobrevive en un pueblo de La Vera, provincia de Cáceres.

Este libro se acabó de escribir en La Vera de Cáceres, en mayo de 2009

www.ingramcontent.com/pod-product-compliance
Lightning Source LLC
Chambersburg PA
CBHW080317290526
45790CB00005B/2080